항공 운임 및 발권

TOPAS SellConnect
Fare & Ticketing

이선미 저

NCS(National Competency Standards) 학습모듈을 기반으로 한

여행요금상담

NCS에서 요구하는 직무능력 완성을 위한 교육용으로 제작

(주)백산출판사

| 머리말 |

본서는 해외여행의 가장 기본이 되는 교통수단인 항공 업무를 위해 사용하는 세계적 GDS(Global Distribution System) 중 최근 Amadeus에 Migration된 Topas Sellconnect를 사용하여 항공예약을 할 수 있도록 구성된 1권에 이어, 2권으로 항공운임과 항공발권으로 구성되었습니다.

GDS를 이용하여 항공운임을 계산하고 계산된 운임을 바탕으로 항공권을 발행하는 실무 중심으로 구성된 본서는 특히 국가직무능력표준(NCS : National Competency Standards)에서 개발한 여행요금상담과 예약수배업무의 학습모듈 내용을 포함하여 구성하였습니다.

무엇보다 여행상품상담의 직무능력 완성을 위하여 여행상품상담을 하는 여행사 직원이 고객과 상담이 가능하도록 항공업무와 지상수배업무를 포함하는 실기편을 포함하였습니다.

정부는 산업현장의 변화와 욕구에 부응할 수 있는 인력을 체계적으로 양성하기 위해 국가직무능력표준을 개발하고자 고용노동부와 한국산업인력공단 주관으로 학습모듈을 개발하고 있으며 2014년 관광과 관련하여 일부 학습모듈을 시험석으로 개발하였습니다.

그러나 국외여행의 항공예약과 운임, 발권에 대한 업무는 전문성을 필요로 하여 현재 개발된 학습모듈만으로는 현장 업무가 바로 실행되도록 모두 개발되지는 못하였고 향후 좀 더 지속적 개발이 필요한 부분이 있습니다.

본서에서 다루고 있는 항공 업무의 내용은 분야별 분류: 숙박 · 여행 · 오락(12), 중분류: 관광 · 레저(03), 소분류: 여행서비스(01), 세분류: 여행상품상담(02)으로 분류되어 있으며, NCS 능력단위는 여행요금상담(07)과 예약수배업무(08)에 포괄적으로 포함되어 있습니다.

또한 그동안 사용해 오던 일반적인 항공교재는 시스템 사용에 중점을 두고 있어 항공업무를 학습하기에는 유용하나 NCS에서 분류된 예약수배업무와 여행요금상담 내용을 포함되어 있지 않아 NCS에서 요구하는 직무능력 완성을 위해 교재와 학습모듈을 2가지 사용해야 하는 불편이 있어 이 점을 해결하고 업무의 완성도를 높이기 위해 이 교재를 집필하게 되었습니다.

열심히 집필할 수 있도록 협조해 주신 ㈜토파스여행정보의 관계자 분들과 백산출판사 관계자 분들에게 진심으로 감사를 전하며, 아무쪼록 이 교재가 국내외 여행업을 포함하여 다양한 곳에서 항공 업무를 하기 위해 학업하는 학생들에게 유용하게 사용되기를 바랍니다.

저자 씀

| 차례 |

PART I 항공운임(Air Fare) 7

Chapter 1 항공운임의 기초 / 8

1. 항공 지리 8
2. 방향 지표(GI) 14
3. 여정의 종류 16
4. 운임 적용 방향과 운임 선택 18
5. 통화규정 20

Chapter 2 FARE SYSTEM / 25

1. FARE SYSTEM의 이해 26
2. FARE DISPLAY(HE FQD) 27
3. FARE RULE 조회(HE FQN) 30
4. CURRENCY 변환(HE FQC) 42

Chapter 3 항공운임의 계산 / 44

1. MILEAGE SYSTEM(거리제도) 44
2. MILEAGE SYSTEM의 운임 계산방법 48
3. 비항공운송구간(Surface Transportation) 53
4. MILEAGE SYSTEM의 보완규정 60
5. ROUTING SYSTEM 75

Chapter 4 항공운임의 적용 / 80

1. 정상운임(Normal Fare) 80
2. 특별운임(Special Fare) 81
3. 할인운임(Discounted Fare) 84

PART Ⅱ 발권(Ticketing) 87

Chapter 1 자동운임(Auto Pricing) 계산 기능 / 88

1. INFORMATIVE PRICING 88
2. AMADEUS BEST PRICER 99

Chapter 2 E-TICKET 발권 / 107

1. 항공권의 기본 107
2. 항공권(e-Ticket) 개요 108
3. 항공권 발행(e-Ticketing) 109
4. 항공권 이미지 조회 126
5. 항공권 발행 실습 128
6. Revalidation 133
7. 판매보고 143

Chapter 3 BSP 업무 / 151

1. IATA(International Air Transport Association)의 이해 151
2. BSP(Billing Settlement Plan) 업무 152

PART Ⅲ 부대여정 운임산출 157

1. Web Site를 이용한 호텔 예약 158
2. Web Site를 이용한 렌터카 예약 169
3. 부대여정 예매하기 175

PART Ⅳ NCS 직무능력개발 실습 177

CASE 1. 여행요금상담 및 예약수배업무(미국 LA) 178
CASE 2. 여행요금상담 및 예약수배업무(일본 동경) 182
CASE 3. 여행요금상담 및 예약수배업무(영국 런던) 186

PART

I

항공운임

Air Fare

Chapter 1 항공운임의 기초

1 항공 지리

1) IATA의 지역 구분

항공여정에 대한 정확한 운임산출 능력은 항공권 판매업무를 수행하기 위한 중요한 기능이다. 국제선에서 적용하는 운임규정들은 IATA 운송회의(Traffic Conferance)에서 결정된다. IATA는 항공 관련규정의 합리화 및 운임 계산의 편의성을 위해 세계를 3개 지역으로 구분하여 Area1, Area2, Area3로 표기하고 있으며, 지역운송회의(Traffic Conference)의 약자를 따서 TC1, TC2, TC3로 표기하기도 한다.

2) IATA AREA 구분

구분	AREA	SUB AREA
서반구(Western Hemisphere)	AREA1	North America Central America South America Caribbean Island
동반구(Eastern Hemisphere)	AREA2	Europe Africa Middle East
	AREA3	Japan/Korea South East Asia South Asian Sub Continent South West Pacific

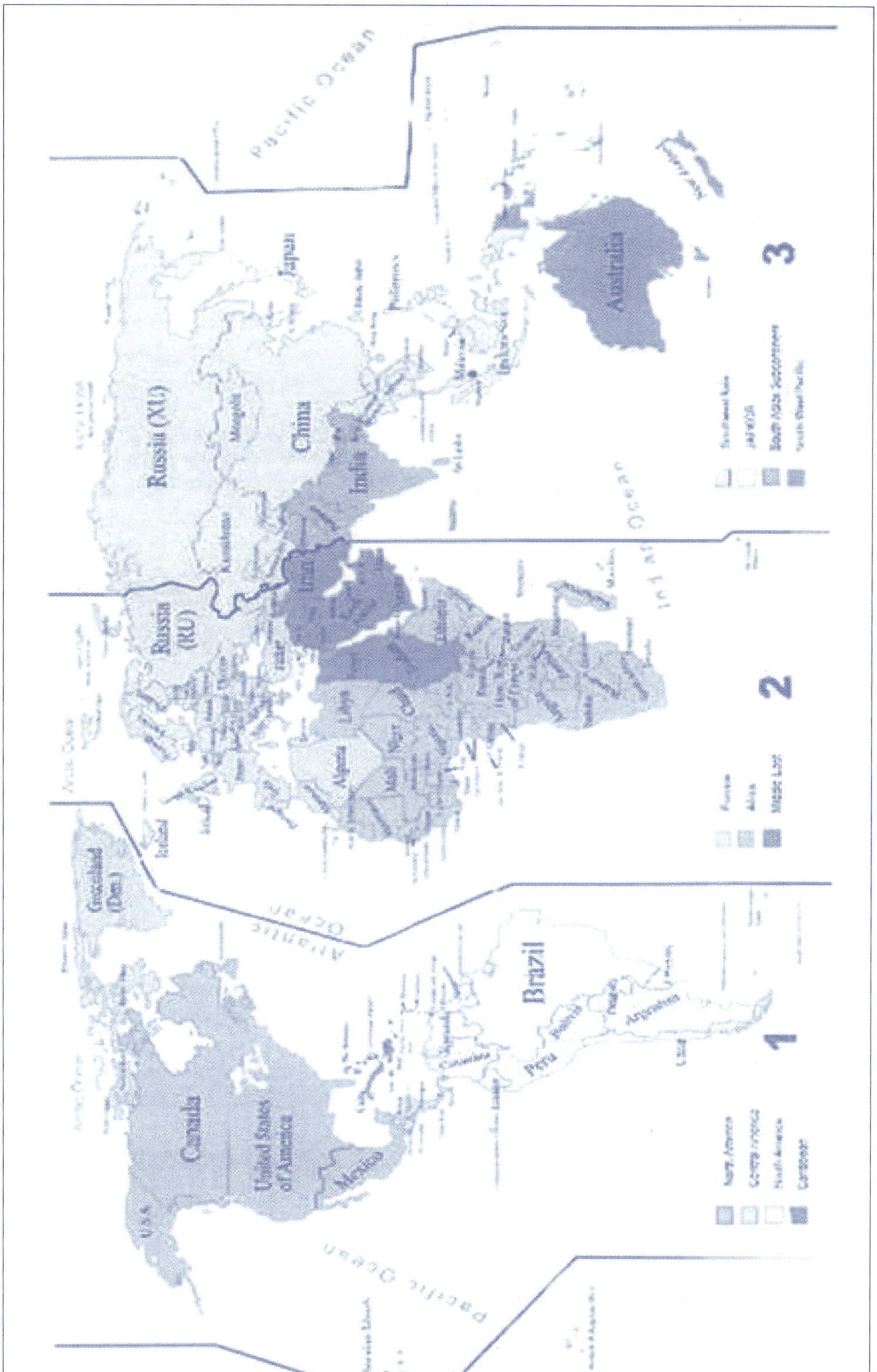
Pacific Ocean
Canada
United States of America
Mexico
Greenland (Den.)
Atlantic Ocean
Brazil
Peru
Bolivia
Argentina
Russia (RU)
Russia (XU)
Iran
Libya
Algeria
Chad
Niger
Mali
China
India
Japan
Australia
Indian Ocean
North America
Central America
South America
Caribbean
Europe
Africa
Middle East
South Asian Subcontinent
South West Pacific
1
2
3

3) 지역별 주요 국가

■ AREA 1

가. 북미(North America)

Canada(CA) Mexico(MX) St.Pierre and Miquelon(PM)

U.S.A.(Puerto Rico and the US Virgin Islands 포함)

나. 중미(Central America)

Belize(BZ) Costa Rica(CR) El Salvador(SV) Guatemala(GT) Honduras(HN) Nicaragua(NI)

다. 남미(South America)

Argentina(AR) Bolivia(BO) Brazil(BR) Chile(CL) Colombia(CO) Ecuador(EC)

French Guiana(GF) Guyana(GY) Peru(PE) Panama(PA) Paraguay(PY) Uruguay(UY)

Venezuela(VE)

라. 카리브해 지역(Caribbean Islands)

Bahamas(BS) *Caribbean islands Guyana(GY)

Bermuda(BM) French Guiana(GF) Suriname(SR)

※ Caribbean islands

Anguill, Antigua and Barbuda Aruba Barbados Cayman Islands Cuba Dominica Dominican Republic Grenada Guadeloupe Haiti Jamaica Martinique Montserrat Netherlands Antilles St.Kitts and Nevis St.Lucia St.Vincent and the Grenadines Trinidad and Tobago Turks and Caicos Islands Virgin Islands-British

☞ AREA 1의 또 다른 분류

가. North Atlantic Sub-area

Canada(CA) Greenland(GL) Mexico(MX)

USA(Alaska Hawaii, Puerto Rico and Us Virgin IslAnds)

나. Mid Atlantic Sub-area

Caribbean Area Central America

South America(Panama Canal Zone 포함, ABCPU 제외)

다. South Atlantic Sub-area(ABCPU)

Argentina(AR) Chile(CL) Brazil(BR) Paraguay(PY) Uruguay(UY)

■ AREA 2

가. 유럽(Europe)

Albania(AL) Algeria(DZ) Andorra(AD) Armenia(AM) Austria(AT) Azerbaijan(AZ) Belarus(BY) Belgium(BE) Bosnia & Herzegovina(BA) Bulgaria(BG) Croatia(HR) Cyprus(CY) Czech Republic Denmark(DK) Estonia(EE) Faroe Islands(FO) Finland(FI)

※ Subgroups

- ECAA(European Common Aviation Area) : 29개국(굵은 이탤릭체 표기 국가)
- EMU(European Economic and Monetary Union) : Austria Belgium Finland France(유럽 이외의 프랑스령 포함) Germany Greece Ireland Italy Luxembourg Netherlands Portugal, Spain
- Scandinavia : Denmark(Greenland 제외) Norway Sweden

나. 중동(Middle East)

Bahrain(BH) Egypt(EG) Iran(IR) Iraq(IQ) Israel(IL) Jordan(JO) Kuwait(KW) Lebanon(LB) Qatar(OA) Saudi Arabia(SA) Sudan Arabia(SA) Syrian Arab Republic(SY) UAE(Abu Dhabi, Ajman, Dubai, Fujairah, Ras Al Khaimah, Sharjah, Umm Al, Qaiwain) Yemen(YE)

다. 아프리카(Africa)

- Central Africa

  Malawi(MW) Zambia(ZM) Zimbabwe(ZW)

- Eastern Africa

  Burundi(BI) Dhibouti(DJ) Eritrea(ER) Ethiopia(ET) Kenya(KE) Rwanda(RW) Somalia(SO) Tanzania(TZ) Uganda(UG)

- Indian Ocean Islands

  Comoros(KM) Madagascar(MU) Mauritius(MU) Mayotte(YT) Reunion(RE) Seychelles(SC)

- Libya

  Libyan Arab Jamahiriya(LY)

- Southern Africa

  Botswana(BW) Lesotho(LS) Mozambique(MZ) Namibia(NA) South Africa(ZA) Swaziland(SZ)

- Western Africa

  Angola(AD) Benin(BJ) BurkinaFaso(BF) Cameroon(CM) Cape Verde(CV) Central African Republic(CF) Chad(TD) Congo(Brazzaville)(CG) Congo(Kinshasa)(CD) Cote D Ivoire(CI) Equatorial Guinea(GQ) Gabon(GA), Gambia(GM) Ghana(GH) Guinea(GN) Guinea

Bissau(GW) Libera(LR) Mali(ML) Mauritania(MR) Niger(NE) Nigeria(NG) Sao Tome And Principe(ST) Senegal(SN) Sierra Leone(SL) Togo(TG)

■ AREA 3

가. Japan / Korea

Japan(JP) Korea(KR)

나. 동남 아시아(SEA : South East Asia)

Brunei Darussalam(BN) Cambodia(KH) China(CN) Christmas island(CX) Cocos(keeling) Islands(CC) Guam(GU) Hong kong SAR(HK) Indonesia(ID) Kazakhstan(KZ) Kyrgyzstan(KG) Laos(LA) Macao SAR(MO) Micornesia(FM) Malaysia(MY) Marshall islands(MH) Mongolia(MN) Myanmar(BN) Northern Marianas(MP) Palau(PW) Philippines(PH) Russia(in Asia)(XU) Singapore(SG) Tajikistan(TJ) Thailand(TH) Timor Leste(TL) Turkmenistan(TM) Uzbekistan(UZ) Vietnam(VN)

※ SAR : Special Administrative Region of China

※ Subregions

- ASEAN(Association of Southeast Asian Nations)

  Brunei Indonesia Laos Malaysia Myanmar Philippines Singapore Thailand Viet Nam

- Micronesia

  Caroline Islands Kwajalein Majuro Ponape Rota Saipan Tinian Truk Yap

다. 남아시아 지역(SAS : South Asian Subcontinental)

Afghanistan(AF) Bangladesh(BD) Bhutan(BT) India(Including Andaman Islands)(IN) Maldives(MV) Nepal(NP) Pakistan(PK) Sri Lanka(LK)

라. 남서태평양 지역(SWP : South West Pacific)

American Samoa(AS) Australia(AU) Nauru(NR) New Caledonia(NC) Cook Islands(CK) Fiji French Kiribati(KI) Papua New Guinea Wallis & Futuna Islands(WF) Polynesia(PF) New New Caledonia(NC) New Zealand(NZ) Niue(NU) Norfolk Island(PG) Samoa(WS) Solomon Islands(SB) Tonga(TO) Tuvalu(TV) Vanuatu(VU)

연습문제

1. 다음 국가들을 지도에서 찾고, AREA와 SUB AREA를 써라.

예) ANGOLA ———————— AREA 2 (AFRICA)

- AMSTERDAM
- HONOLULU
- MANILA
- SHANGHAI
- PAKISTAN
- TORONTO
- MOROCO
- MACAU
- KATHMANDU
- ISTANBUL
- MEXICO
- CAIRO

2 방향지표(GI : Global Indicator)

방향지표란?

항공운임은 동일한 두 지점 사이의 여정이라 할지라도 승객이 실제 여행하는 방향에 따라 서로 다른 운임수준이 적용된다. 예를 들어 서울(SEL)에서 리오데자네이루 (RIO)까지 운임을 조회하면 태평양을 횡단하는 운임과 대서양을 횡단하는 운임 2가지가 공시되어 있다. 따라서 항공운임을 계산할 때에는 승객의 여정에 대한 올바른 방향을 결정해야 할 필요가 있으며, 이러한 여정의 방향은 아래와 같이 여정 방향지표(GI : Global Indicator)의 규정에 의해 결정된다.

1) 방향지표 구분

(1) 대양(Ocean)관련 여정지표

구 분	내 용	예 제
PA (Via Pacific)	Area1-Area3 태평양 횡단 여정	SEL-NYC TYO-WAS
AT (Via Atlantic)	Area2/3-Area1 대서양 횡단 여정	LON-NYC YVR-PAR
AP (PA+AT)	태평양과 대서양 동시횡단	SEL-SFO-LON PAR-SEA-TYO

(2) 동반구관련 여정지표

구 분	내 용	예 제
TS (Trans-Siberia)	한국/일본과 유럽 간의 시베리아 횡단여정	SEL-FRA TYO-PAR
RU (Russia Routing)	한국/일본과 러시아 간의 Direct여정	SEL-MOW TYO-MOW
FE (PA+AT)	한국/일본을 제외한 Area3 와 러시아 간의 Direct 여정	HKG-MOW KUL-MOW

(3) 반구관련 여정지표

구 분	내 용	예 제
EH (Eastern Hemisphere)	TS/RU/FE를 제외한 동반구 내의 여정	SIN-PAR HKG-SYD
WH (Western Hemisphere)	서반구 내의 여정	SFO-NYC

2) 복합여정의 방향 지표

- 하나의 여정에 여러 개의 방향지표가 복합되어 있을 경우에는 Ocean(Atlantic, Pacific) 횡단이 우선 기준으로 적용된다. 예를 들어 서울/뉴욕/런던을 여행하는 경우 서울/뉴욕은 태평양(PA)을, 뉴욕/런던은 대서양(AT)을 횡단하게 된다. 이처럼 대양을 모두 횡단하는 여정인 경우에는 "AP"가 된다.
- 또한, 서울/파리/뉴욕을 여행하는 여정이라면 서울/파리는 시베리아 대륙(TS)을 통과하고 파리/뉴욕은 대서양(AT)을 통과하게 되므로 방향지표(GI)는 Ocean 횡단 우선 적용 기준에 따라 "AT"가 되는 것이다.
- 반면, 대양 횡단이 없는 동반구 내의 여정인 경우에는 TS, FE, RU에 해당되는지를 확인한 후 해당되지 않을 경우에는 'EH'로 적용한다.

방향지표는 아래와 같은 Mileage 조회 Entry를 통해 확인할 수 있다.

```
>FQMSELNYCLON
  CTY    DC TPM  CUM   MPM   DC   LVL   (HGL)  LWL  25M    XTRA
  SEL  3
  NYC  1 PA 6879  6879  8254 PA   0M    1375    0  10317   0
  LON  2 AT 3463 10342 11764 AP   0M    1422    0  14705   0
```

연습문제

1. 다음 지역의 GI(Global Indicator)를 써라.

- SEL-PAR-NYC-WAS
- SEL-LAX-CHI-PAR
- SEL-TYO-NYC
- SEL-SYD-BNE
- TYO-SEL-FRA
- SEL-MOW-PAR
- SEL-HKG-LON
- BKK-MOW-LED
- SEL-SIN-LON-ATH
- BKK-LON-NYC

3 여정의 종류

항공운임 계산 규정은 여정의 형태별로 차이가 있으므로 정확한 항공운임을 산출하기 위해서는 승객의 여정 형태를 구별하는 것이 우선되어야 한다.

1) 편도여정(OW : One Way)

편도여정이란 전 일정 항공을 이용하는 여정 연속성이 중단된 형태로 SEL-PAR와 같은 여정이 해당된다. 이러한 여정의 운임적용은 "편도(OW)"운임을 적용한다.

2) 왕복여정(RT : Round Trip)

① 전 여정을 항공편을 이용하고
② 최초 출발도시로 다시 되돌아오는 여정으로
③ Outbound 여정의 운임과 Inbound 여정의 운임이 동일하게 적용되는 여정이다.

3) 일주여정(CT : Circle Trip)

① 전 여정을 항공편을 이용하고
② 최초 출발도시로 다시 되돌아오는 여정이나
③ 왕복여정 개념으로 간주되지 않는 여정이 해당된다.

☞ 왕복여정과 일주여정의 구분은 운임 계산을 완료하기 이전에는 규정짓기 곤란하다.

4) 세계일주여정(RTW : Round the World Trip)

① 항공편을 이용하여 일정한 한 방향(동쪽 또는 서쪽)으로 계속적으로 항공여행을 하고
② 대서양과 태평양을 모두 횡단하여 최초 출발 지점으로 다시 되돌아오는 여정이다.

예) ICN/NYC/PAR/ICN
ICN/HKG/PAR/LAX/NYC/SE

5) 가위 벌린 여정(OJT : Open Jaw Trip)

가위 벌린 여정은 여정의 연속성이 중단된 형태이다. 동일 국가로 돌아오기 때문에 기본적으로 왕복여정의 성격을 가지고 있으나 원칙적으로는 편도여정에 속하며 3가지 형태로 구분한다.

가) Origin Single Open Jaw Trip(OSOJT)

Outbound 여정의 출발지와 Inbound 여정의 도착지가 다른 여정

예) SEL-TYO-PUS

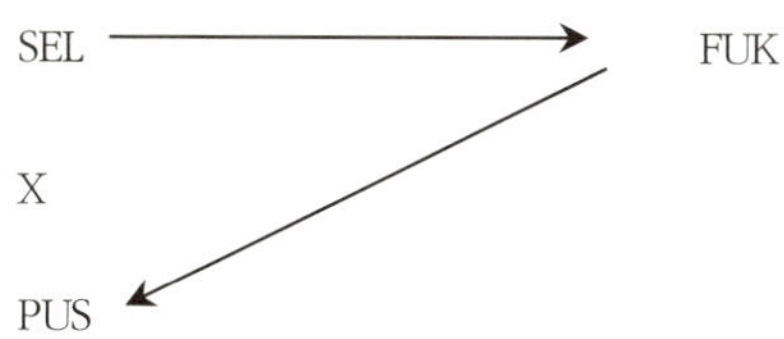

나) Turn Around Single Open Jaw(TSOJT)

Outbound 여정의 도착지와 Inbound 여정의 출발지가 서로 다른 여정

예) SEL-TYO X OSA-SEL

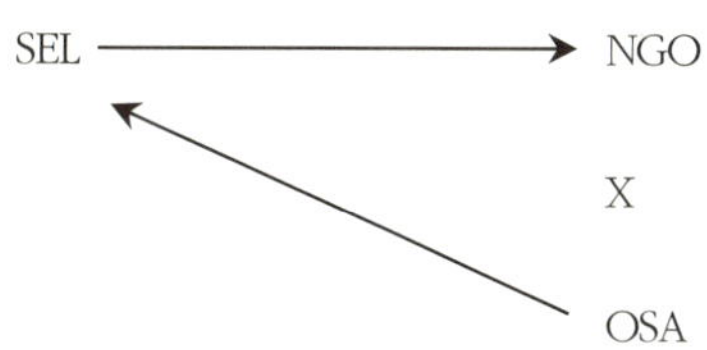

다) Double Open Jaw Trip(DOJT)

Outbound와 Inbound 여정의 출발지와 목적지가 모두 다른 여정

예) SEL-TYO X OSA-PUS

4 운임 적용 방향과 운임 선택

1) 운임의 적용 방향

항공운임은 출발지 국가의 통화로 공시되어 있기 때문에 동일한 구간이라도 출발지 국가에 따라 운임수준이 달라진다.

예) SEL – TYO (OW) : KRW 368500 (KE항공 기준)
　　TYO – SEL (OW) : JPY　110500 (KE항공 기준)

위의 예에서 보듯이, SEL- TYO-SEL은 동일한 구간, 같은 거리이지만 출발지에 따라 운임 차이가 난다. 이는 운임적용 방향에 따라 출발지 국가가 결정되기 때문이다. 따라서 항공운임을 계산할 때 운임 적용방향은 중요한 요소이기 때문에, 이에 대한 기본적용 원칙이 필요하다. 일반적으로 여러 개의 운임 마디로 구성되었을지라도 편도여정의 경우에는 각 운임 마디에 대해 여행의 진행 방향대로 운임을 적용한다.

가) 편도여정 : 각 운임 마디별 여정 진행 방향대로 운임을 적용한다.

단, 다음과 같은 경우에는 여정 진행의 반대 방향으로 운임을 적용해야만 한다.

나) 왕복여정 : 돌아오는 여정의 경우 여정 진행 반대방향으로 운임을 적용한다.

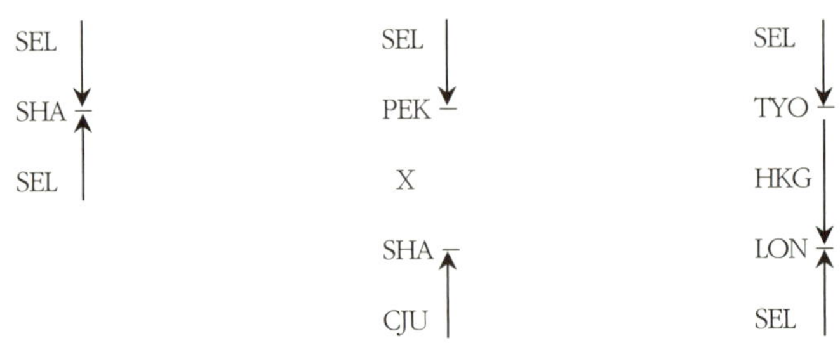

참고) 왕복여정 중 동일지점이 Outbound와 Inbound에 결합지점으로 사용된 거울여정

SEL
TYO
HKG
TYO
SEL

SEL
OSA
TPE
OSA
SEL

☞ 예외) 여정의 종류가 CT, OJT이며 미국과 캐나다 간 운임 마디와 스칸디나비아 3국 내의 운임 마디에서는 실제 여정의 진행 방향대로 운임을 적용한다.

SEA
YVR
YYC
X/DEN
SEA

OSL
CPH
STO
OSL

2) 운임의 적용

대부분의 Tariff 책자와 GDS에는 편도운임(OW)과 왕복운임(RT)이 공시되어 있다. 운임 마디에 편도운임을 적용하느냐, 또는 왕복의 절반운임을 적용하느냐의 여부는 전체여정의 형태에 따라 결정이 되는데, 편도여정의 경우에는 편도운임(OW)을 적용하며, 왕복여정의 경우 운임적용은 해당 운임 마디에 그 절반운임(1/2 RT운임)을 적용하게 된다.

가) 편도여정 : 각 운임 마디별 여정 진행 방향대로 편도(OW)운임을 적용한다.

ICN
SIN
PAR

HKG
PAR
ICN

나) 왕복여정 : 각 운임 마디별 방향대로 왕복운임의 절반(1/2RT)운임을 적용한다.

SEL
SHA
SEL

SEL
PEK
X
SHA
CJU

SEL
TYO
HKG
LON
SEL

5 통화규정

모든 항공운임은 일반적으로 출발지국 통화를 기준으로 제시되어 있으나 네팔, 베트남, 러시아 등과 같이 통화가 불안정한 특정 국가는 US Dollar와 같은 경화로 표기된다. 승객의 여정이 단순편도 또는 단순왕복일 경우라면 공시된 출발지 국가의 통화운임으로 직접 징수할 수 있으나, 출발지와 목적지 사이에 여러 지점을 경유하여 여행하는 경우에는 통화단위가 여러 가지로 혼합되는 경우가 생기게 되므로, 합리적인 항공운임 산출을 환산하기 위해 Passenger Air Tariff의 Fare Book에서 규정한 통화규정(Currency Regulation)에 의해 공통단위로 운임을 환산해야 한다.

1) NUC(Neutral Unit of Construction)

항공운임을 산출하기 위한 중립통화 단위로 모든 구간의 운임을 NUC(Neutral Unit of Construction) 로 공시하는 제도이다. 항공 운임간의 결합과 운임비교를 할 경우 다양한 화폐가 결합되어 있기 때문에 통화규정의 복잡함을 방지하기 위해 가상의 중립 통화단위인 NUC로 변환하여 사용하게 되었다.

출발지국 통화운임과 NUC 표시 운임은 다음과 같은 공식에 의해 환산된다.

NUC = 출발지국 통화 / ROE

- NUC는 환산 후 끝자리는 소수점 둘째 자리까지 표시한다.
- 출발일 기준으로 적용한다.

2) ROE(Rate of Exchange)

출발지국 통화로 되어 있는 운임을 NUC로 환산 시 사용되는 ROE는 출발지국 통화로 환산하기 위한 항공 환율로 IATA에 의해 1년에 4회, 즉 1월, 4월, 7월, 10월 공시된다. ROE는 사용기간 중 상당한 화폐가치의 변동이 발생하지 않는 한 3개월간 동결 적용함을 원칙으로 하며, 항공권 발행일을 기준으로 적용하게 되기 때문에 항공권 재발행의 경우 최초 항공권 발권일의 ROE를 사용한다.

3) 출발지국 통화 표기 시 끝자리 처리방법

- NUC 246.84를 JAPAN의 통화로 환산(JPY)

  JPY의 ROE : 106.603867

  JPY의 R/U : 100 단위 올림 ROUNDING UP TO 100.00

  246.84×106.603867 = 26314.09853

  ∴ JPY 26400

☞ 통화 변환은 아래와 같은 Currency Entry를 통해 확인할 수 있다.

```
>FQC353.55NUC/KRW
CONVERSION OF NUC TO KRW
KRW 373700 - ROUNDED AS FARES
KRW 373621 - AMOUNT TRUNCATED
ROE USED 1 NUC = 1056.772 KRW EFF 01FEB14

ROUNDING OF FARES UP TO 100 KRW

NUC - NEUTRAL UNIT OF CONSTRUCTION
KRW - S.KOREAN WON
```

■ 기본 용어 정리

- 여정(JOURNEY)

  출발지에서 도착지까지 항공권상의 기록된 전 여정
- 운임 마디(Fare Component)

  운임 계산 시 하나의 단위로 간주되는 구간을 운임 마디라고 한다.

  하나의 여정 중에는 몇 개의 운임 마디가 존재할 수 있다.
- 운임분리지점(Fare Break Point)

  한 여정 안에서 운임을 나누어 계산하는 지점으로 출발지에서 가장 먼 지점을 F/B로 설정한다. 이때 , 편도여정이라도 운임분리지점은 발생할 수 있다.
- TICKETED POINT : 항공권 상에 적혀진 모든 지점
- ORIGIN : 여정이 시작되는 최초의 지점
- DESTINATION : 여정이 끝나는 마지막 지점
- INTERMEDIATE POINT : FRARE CONSTRUCTION 내의 중간지점
- TRANSFER : 승객이 출발지에서 목적지까지 일정 중 항공기를 갈아타는 것
- STOPOVER POINT : 승객이 중간지점에 도착 후 24시간 이상 체류 후 이동 지점
- CONNECTION POINTS : 도착 후 24시간 미만 체류 후 이동하는 중간지점

연습문제

1. 지리학적으로 아프리카에 위치하나 항공지리상 유럽으로 분류되는 국가를 써라.

2. AREA3 중 남태평양 지역에 해당하는 도시가 아닌 곳은?

(1) SYD

(2) GUM

(3) AKL

(4) NAN

3. 다음 AREA3 중 동남아시아에 속하지 않는 도시는?

(1) ULN

(2) BOM

(3) PNH

(4) BJS

4. 다음 AREA3 도시 중 SUB AREA가 다른 국가는?

(1) INDONESIA

(2) INDIA

(3) UZBEKISTAN

(4) MONGOLIA

5. GI(Global Indicator)를 써라.

(1) SEL-PAR-NYC-WAS

(2) SEL-MOW-ROM

(3) SEL-LAX-SAO

(4) SEL-HKG-LON

6. 여정을 보고 운임의 적용방향과 적용운임(OW 또는 1/2RT)을 표기하라.

1) SEL
HKG
SIN -
TYO
SEL

2) SEL
BKK
FRA -
PAR
LON -

3) HEL
CPH
OSL -
CPH
HEL

4) SEL
TYO -
X
OSA -
PUS

7. 세계일주여정의 조건을 써라.

8. RT운임과 CT운임의 차이를 써라.

9. 다음 중 왕복여정(RT)에 해당하는 것은?

- SEL-SYD x BNE-SEL
- SEL-TYO-FUK
- SEL-PAR-NCE-LON
- SEL-HKG-BKK-SEL

10. 다음 여정에서 Stopover와 Transfer의 횟수를 각각 써라.

SEL
x/ROM
PAR
LON
FRA -
SEL

11. KRW 1,000,000을 아래의 통화단위로 변환하라.

USD
EUR
JPY
CNY
SGD
NUC

12. 항공운임 계산을 위해서 각 국가통화의 각각의 환율차이를 감안하여 만들어 놓은 가상의 통화를 (　　)라 하고 이 통화를 출발지국 통화로 변환하기 위해 사용하는 환율을 (　　)라 한다.

Chapter 2
FARE SYSTEM

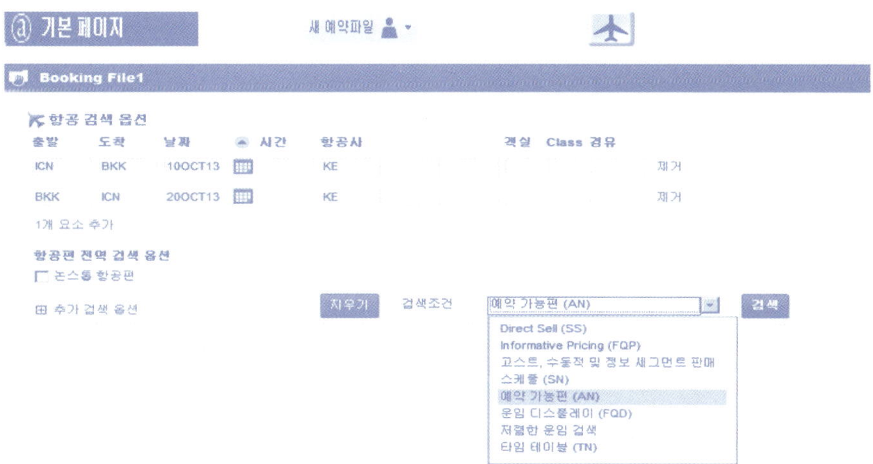

1 FARE SYSTEM의 이해

1) 기본 기능

가. 운임조회 기능

나. 운임 관련 각종 정보 및 Rule 조회 기능

다. PNR이 없는 상태에서 자동으로 운임을 계산하는 기능

라. PNR이 있는 상태에서 자동으로 운임을 계산하는 기능

마. 실제 예약 상태와 연계한 적용 가능한 운임을 계산하는 기능

바. 항공사 Nego Fare의 별도 조회 및 자동 운임 계산 기능

2) FARE SYSTEM의 구조

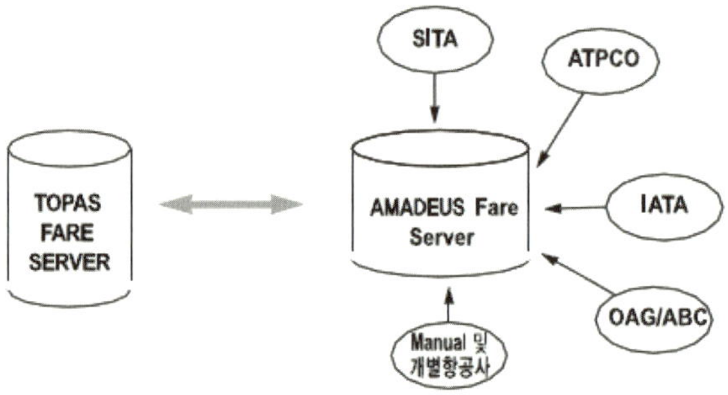

3) 운임조회 ENTRY 정리

기본 Entry	Entry 설명	비고
FQM	Mileage 관련 조회 및 계산	Fare Display 관련 Entry
FQD	Fare Display	
FQN	Fare Rule 조회	
FRV	Add-on 금액 조회	
FQP	PNR없는 Pricing	Informative Pricing
FXP	PNR있는 Pricing	PNR Pricing
FXP/R,N	Nego Pricing	
FXB	Rebook to the Lowest fare/TST 생성	Best Pricer wz PNR
FXR	Rebook to the Lowest fare/ TST 비생성	
FXA	Lower Fare 조회	
FXL	좌석 예약가능사항을 고려한 Lowest Possible Fare Pricing/ TST 비생성	
FXD	좌석 예약가능 상태를 고려, 예약가능한 가장 저렴한 운임 산출	Master Pricer Expert

2 FARE DISPLAY(HE FQD)

기본적인 운임조회 기능으로 별도 Option을 추가하지 않은 경우 현재 날짜와 출발도시의 통화를 기준으로 Display된다. 또한 항공사, 날짜, Booking Class, Global Indicator 등의 지정을 통한 운임조회도 가능하다.

1) 기본 Entry

```
>FQDSELBKK /AKE
3FEB19*3FEB19*03FEB14/KE SELBKK/NSP;EH/TPM  2286/MPM  2743
LN FARE BASIS     OW    KRW  RT    B   PEN  DATES/DAYS    AP MIN    MAX  R
01  F             1321400              +    -        -      -  -      -  M
02  F                        2402400   +    -        -      -  -      -  M
03  C             1101000              +    -        -      -  -      -  M
04  C                        2001800   +    -        -      -  -      -  M
05  Y              757700              +    -        -      -  -      -  M
06  Y                        1377600   +    -        -      -  -      -  M
07  TLEE1M                   1072400   +  01MAR    16JUL    -  3+    1M  M
```

- 기본 ENTRY는 항공사와 날짜를 지정하지 않은 기본 조회이므로 YY Fares 기준/당일 출발 조건 출발지국 통화인 KRW를 기준으로 보여준다.
- 운임은 높은 운임에서 낮은 운임 순으로 나타난다.
- YY Fares : IATA에서 공시하는 항공사 비지정 운임으로, 항공사 운임인 Carrier Fare가 비설정된 구간에 사용가능
- Carrier Fares : 특정구간에 항공사가 설정하는 운임

코드	설명
LN	Line Number
Fare Basis	운임코드 ☞ Fare Basis 앞에 오는 특정 부호 * : 아직 발효되지 않은 운임) : 한 방향으로만 적용 가능한 운임 / : Add-on 결합운임 (FRV+Line number로 금액확인 가능)

코드	설명
OW	편도운임(One Way Fare)
NUC	통화코드
RT	왕복운임(Round Trip Fares)
B	운임 공시 항공사 적용 Booking Class ☞ Note-plus sign(+)은 2개 이상의 booking class가 사용되고 있음을 나타낸다. (FQS + Line number로 확인)
PEN	Penalty 정보 ☞ NRF : Non-Refundable PEN P50 : 50% penalty - : penalty 없음 + : 추가 제한사항이 있음 (FQN + Line number로 확인 가능)
Date/Days	Date : 출발일 적용 Days : 출발 요일 적용 ☞ 2개 라인까지 가능 + : 제한사항이 더 있음) : OUTBOUND 여정에 Seasonality가 적용됨을 나타냄 (: INBOUND 여정에 Seasonality가 적용됨을 나타냄 DATES/DAYS 제한사항 형태 S : Seasonality M : 수정된 운임 T : 미래의 출발일/발권일 적용 운임
AP	사전 구입조건(Advance Purchase) ☞ + 제한사항이 더 있음을 나타냄 - 적용되지 않음을 나타냄
MIN	최소 체류기간(Minimum Stay)
MAX	최대 체류기간(Maximum Stay)
Routing	운임 계산 방식 M : Mileage System Fare R : Routing System Fare

2) 선택사항 지정 Entry

☞ 조건과 조건 사이에 슬래시(/)로 구분

- FQD : 기본지시어(Fare Quotation Display)
- SELPAR : 출발-목적 도시
- AF : 항공사(A : Airline, AF : AIRFRANCE)
- 10 OCT : 출발일자(D : Departure)
- V : Global Indicator(V : Via, TS : GI 코드)
- Y : Booking Class(C : Class, Y : 적용 Class)
- R, NUC : 통화 단위

```
>FQDSELPAR/AAF/D20JUN/VTS/CY/R,NUC
ROE 1056.772 UP TO 100.00 KRW
20JUN19*20JUN19*20JUN19/AF SELPAR/NSP;TS/TPM  5626/MPM  8342
MISCELLANEOUS INFORMATION AF SEE INFO NOTE AF/0001
SKYTEAM EUROPEAN AIRPASS --) SEE INFO NOTE AF/2002
LN FARE BASIS    OW    NUC  RT       B PEN  DATES/DAYS   AP MIN MAX  R
01  YFFKR               3255.18      Y  -      -     -    +-  -   -  R
02  YFF                 3255.18      Y  -      -     -    +-  -   -  M
03  YFFWKR     2278.63               Y  -      -     -    +-  -   -  R
04  YFFW      2278.63                Y  -      -     -    +-  -   -  M
```

3) 선택사항 지정 Entry별 정리

Entry	기능
FQDSELBKK/AKE	특정항공사와 YY운임조회
FQDSELBKK/AKE,TG	복수항공사 지정(최대 3개까지 가능)
FQDSELBKK/D20JUN	미래날짜지정 운임조회
FQDSELBKK/ATG/KF	객실 서비스 등급 지정(F : 일등석, C : 우등석, Y : 3등석)
FQDSELBKK/S	Shopper Display(항공사별 Carrier Fare 조회)
FQDSELFRA/VEH	GI를 지정한 운임조회
FQDSELBKK/IX	낮은 운임부터 높은 운임 순으로 조회
FQDSELBKK/IO	편도운임조회
FQDSELLAX/R,-CH-IN-CD	승객 Type 지정 조회(최대 3개까지)
FQDSELBKK/R,AT	Tax 포함 운임조회
FQDSELSEL/AKE/VRW	세계일주 운임조회

☞ 국내선 구간은 YY운임이 존재 하지 않으므로 반드시 항공사를 지정하여 운임을 조회하여야 한다.

4) 간편 Entry

아래의 Entry들은 운임 화면(FQD) 또는 예약의 Availability 화면을 조회한 상태에서 상호 호환이 가능하도록 만든 간편 기능으로서 간단한 예약 및 운임조회를 하거나 또는 사용자가 Passenger 전화 응대 시 사용하기 편리하도록 고안되었다.

Entry	설명
FQD 또는 FQD*	FQD 이후의 후속 Entry를 입력하여 작업하는 중에 기존의 운임 응답화면으로 돌아가기
FQDN	NUC로 운임조회
FQDL	출발지국 통화(Local Currency)로 운임조회
FQDR	역방향 운임조회
FQDC	/Option 사용하여 변환 예) FQDC/AKE/D10MAR
FCA	운임 화면을 예약가능편(ABVL) 화면으로 변환

3 FARE RULE 조회(HE FQN)

항공운임은 운임의 종류에 따라 유효기간, 체류기한 등 제한사항을 따르도록 요구하고 있다. 따라서 항공권에는 제한 규정을 표기해야 하므로 반드시 운임규정을 확인한다.

- 항공운임별 Fare-Note에는 해당 운임별로 각기 다르게 적용된 조건과 규정을 확인한다.
- Fare Rule은 운임 관련 정보이므로 운임 계산시 반드시 확인하여야 한다.
- Line별 번호를 이용하여 Fare-Note를 찾는다.
- 과거의 Note가 필요할 경우 해당 일자의 운임을 조회한 후 Line Number로 확인한다.

1) 기본 Entry

FQN$\phi\phi$ ($\phi\phi$: LINE NBR)

2) 조회 Entry

```
>FQN03
**  RULES DISPLAY  **
20JUN19*20JUN19/AF SELPAR/NSP;TS/TPM  5626/MPM  8342
LN FARE BASIS    OW   NUC  RT   B PEN  DATES/DAYS   AP MIN MAX R
03 YFFWKR      2278.63          Y -     -    -      +-  -   -  R
FCL: YFFWKR   TRF:  44 RULE: FFKR BK:  Y
PTC: ADT-ADULT              FTC: EU -ECONOMY UNRESTRICTED
OPTION LIST
   RU.RULE APPLICATION              SR.SALES RESTRICT
   AP.ADVANCE RES/TKT               FL.FLT APPLICATION
   CD.CHILD DISCOUNTS               SO.STOPOVERS
   TF.TRANSFERS/RTGS                SU.SURCHARGES
   CO.COMBINABILITY                 HI.HIGHER INTERMEDIATE
                                 POINT
   MD.MISCELLANEOUS DATA            VC.VOLUNTARY CHANGES
          ****** SELECT CATEGORIES ******
```

3) Index를 이용한 Fare Note 조회

- 운임의 Note는 Rule Application 조항부터 순서대로 보여주나 특정 Category를 별도로 지정하면 해당 사항만 별도 확인이 가능하다.
- 보여주는 Fare Note가 20Page를 초과하면 시스템은 'MAX DATA EXCEEDED, RQST BY INDIVIDUAL RULE CODE'라는 응답을 보여주므로 이때는 특정 Category를 이용하여 해당 Note를 조회하여야 한다.

■ 운임번호로 조회하는 방법

```
>FQN03*SO
**  RULES DISPLAY  **
20JUN19**20JUN19/AF SELPAR/NSP;TS/TPM  5626/MPM  8342
LN FARE BASIS    OW   NUC  RT   B PEN  DATES/DAYS   AP MIN MAX R
03 YFFWKR     2278.63           Y -     -    -      +-  -   -  R
FCL: YFFWKR   TRF:  44 RULE: FFKR BK:  Y
PTC: ADT-ADULT              FTC: EU -ECONOMY UNRESTRICTED
SO.STOPOVERS

  UNLIMITED STOPOVERS PERMITTED ON THE PRICING UNIT.
         NOTE -
          STANDARD RULE
```

■ 규정으로 조회하는 방법

```
>FQN03*AP,CD
TICKETING DATE AND TTL ROBOT REMARK.
                                                PAGE  1/ 2
>0JUN19**20JUN19/AF SELPAR/NSP;TS/TPM  5626/MPM  8342
LN FARE BASIS    OW   NUC  RT   B PEN  DATES/DAYS   AP MIN MAX R
03 YFFWKR     2278.63           Y -    -     -      + -  -   - R
FCL: YFFWKR   TRF:  44 RULE: FFKR BK:  Y
PTC: ADT-ADULT              FTC: EU -ECONOMY UNRESTRICTED
AP.ADVANCE RES/TKT
FOR YFFWKR TYPE FARES

  RESERVATIONS ARE REQUIRED FOR ALL SECTORS.
         NOTE -
          WHEN RESERVATIONS ARE MADE AT LEAST 11 DAYS
          BEFORE DEPARTURE TICKETING MUST BE COMPLETED AT
          LEAST 10 DAYS BEFORE DEPARTURE.
            OR - WHEN RESERVATIONS ARE MADE WITHIN 10 DAYS
          BEFORE DEPARTURE TICKETING MUST BE COMPLETED
          WITHIN 1 DAY AFTER RESERVATIONS ARE MADE.
          -
            DIFFERENCE COULD EXIST BETWEEN THE CRS LAST
```

4) 운임 마디별 Fare Note 조회

자동 운임 계산(FQP) 결과 몇 개의 운임 마디로 이루어진 운임에 대해 Fare Note를 찾는 경우에 시스템은 선택해야할 운임 마디 List를 보여준다.

■ 운임 규정 조회

```
>FQDSELPAR/AKE
ROE 1056.772 UP TO 100.00 KRW
03FEB19**03FEB19/KE SELPAR/NSP;TS/TPM  5626/MPM  8342
LN FARE BASIS    OW   KRW  RT   B PEN  DATES/DAYS   AP MIN MAX  R
01 ELXEKU            1300000 E  +      -    12345+  +   -  12M  R
                                      S01NOV  31MAR
```

```
02 ELWEKU            1400000 E  +    -       67+    +  -  12M  R
                                   S01NOV  31MAR
03 HLXEKU            1500000 H  +    -    12345+    -  -  12M  R
                                   S01NOV  31MAR
04 ELXEKU1           1600000 E  +    -    12345+    +  -  12M  R
                                   S01NOV  31MAR
05 HLWEKU            1600000 H  +    -       67+    -  -  12M  R
                                   S01NOV  31MAR
>FQN05
3FEB19**03FEB19/KE SELPAR/NSP;TS/TPM  5626/MPM  8342
LN FARE BASIS    OW   KRW  RT   B PEN  DATES/DAYS   AP MIN MAX R
05 HLWEKU            1600000 H  +            67+    -   -  12M R
                                   S01NOV  31MAR
FCL: HLWEKU    TRF:  44 RULE: KU03 BK:  H
PTC: ADT-ADULT                FTC: XEX-REGULAR EXCURSION
RU.RULE APPLICATION
EXCURSION FARES FROM KOREA TO EUROPE
 APPLICATION
   AREA
     THESE FARES APPLY
     FROM KOREA, REPUBLIC OF TO EUROPE.
   CLASS OF SERVICE
     THESE FARES APPLY FOR ECONOMY CLASS SERVICE.
   TYPES OF TRANSPORTATION
     THIS RULE GOVERNS ROUND-TRIP FARES.
     FARES GOVERNED BY THIS RULE CAN BE USED TO CREATE
     ROUND-TRIP/CIRCLE-TRIP/OPEN-JAW JOURNEYS.
```

☞ FQN6 단계를 생략하고 운임 마디별 단계를 이용하여 조회도 가능하다.

■ Fare Category를 이용한 조회

```
>FQN05*TF
**  RULES DISPLAY  **
03FEB19**03FEB19/KE SELPAR/NSP;TS/TPM  5626/MPM  8342
LN FARE BASIS    OW   KRW  RT   B PEN  DATES/DAYS   AP MIN MAX R
05 HLWEKU              1600000 H  +     -      67+    -   -  12M R
                                    S01NOV  31MAR
FCL: HLWEKU    TRF:  44 RULE: KU03 BK:  H
PTC: ADT-ADULT              FTC: XEX-REGULAR EXCURSION
TF.TRANSFERS/RTGS

  UNLIMITED TRANSFERS PERMITTED ON THE PRICING UNIT
    FARE BREAK AND EMBEDDED SURFACE SECTORS NOT PERMITTED ON
     THE FARE COMPONENT.
```

이 경우에는 두 개의 운임 마디를 합하여 한 번에 보여주므로 편리한 이용이 가능하다.

5) Fare Note 조회(예시)

```
>FQDSELBKK/D24JUN/AKE/IX
4JUN19**24JUN19/KE SELBKK/NSP;EH/TPM  2286/MPM  2743
LN FARE BASIS    OW   KRW  RT     B   PEN  DATES/DAYS    AP  MIN MAX    R
01  ROW        1651700                R    -    -    -    -    -    -    M
02  RRT                    3003000    R    -    -    -    -    -    -    M
03  POW        1453600                P    -    -    -    -    -    -    M
04  FOW        1321400                F    -    -    -    -    -    -    M
05  PRT                    2642800    P    -    -    -    -    -    -    M
06  JOW         1211100               J    -    -    -    -    -    -    M
07  FRT                    2402400    F    -    -    -    -    -    -    M
08  COW        1101000                C    -    -    -    -    -    -    M
09  JRT                    2202000    J    -    -    -    -    -    -    M
10  CRT                    2001800    C    -    -    -    -    -    -    M
                                                PAGE  1/ 8
>FQN01
4JUN14**24JUN14/KE SELBKK/NSP;EH/TPM  2286/MPM  2743
LN FARE BASIS    OW   KRW  RT   B PEN  DATES/DAYS   AP MIN MAX R
01 ROW         1651700          R  -     -      -      -   -   -  M
```

```
FCL: ROW      TRF:   8 RULE: 5000 BK:  R/P/F
PTC: ADT-ADULT               FTC: RU -PREMIUM FIRST UNRESTRICTED
RU.RULE APPLICATION
NORMAL FARES WITHIN AREA 3
 APPLICATION
   AREA
     THESE FARES APPLY
     WITHIN AREA 3.
   CLASS OF SERVICE
     THESE FARES APPLY FOR FIRST/BUSINESS/ECONOMY CLASS
     SERVICE.
```

☞ SEL/BKK, 12월 24일 출발, KE 운임조회 후 1번 MHEEKR 운임의 규정을 조회하기 위해 FQN1을 입력

■ 화면 읽기

Command Page 1

RU.RULE APPLICATION(Rule 적용)
EXCURSION FARES FROM KOREA TO AREA3 APPLICATION
(Korea 출발 Area 3행, Excursion 운임 적용)

AREA(지역)
THESE FARES APPLY FROM KOREA, REPUBLIC OF TO AREA 3.
(본 운임은 한국 출발 -> Area3행에 적용.)

CLASS OF SERVICE(서비스 클래스)
THESE FARES APPLY FOR ECONOMY CLASS SERVICE.
(본 운임은 이코노미 서비스에 적용)
TYPES OF TRANSPORTATION (운송 형태)
THIS RULE GOVERNS ROUND-TRIP FARES.(Round Trip에 적용)
FARES GOVERNED BY THIS RULE CAN BE USED TO CREATE
ROUND-TRIP/CIRCLE-TRIP/OPEN-JAW JOURNEYS.
(본 운임은 왕복/일주/가위 벌린 여정에 대해 적용 가능)
ORIGIN OPEN JAW - OPEN JAW SECTOR MUST BE IN COUNTRY OF UNIT ORIGIN
(최초출발지 가위 벌린 여정 -OPEN JAW 구간은 최초출발지 국가로 돌아오는 여정이어야 함.)

CAPACITY LIMITATIONS(탑승 제한)
THE CARRIER SHALL LIMIT THE NUMBER OF PASSENGERS CARRIED
ON ANY ONE FLIGHT AT FARES GOVERNED BY THIS RULE AND SUCH

FARES WILL NOT NECESSARILY BE AVAILABLE ON ALL FLIGHTS.
THE NUMBER OF SEATS WHICH THE CARRIER SHALL MAKE
AVAILABLE ON A GIVEN FLIGHT WILL BE DETERMINED BY THE
CARRIERS BEST JUDGMENT
(운임 항공사는 동 운임의 판매 가능 좌석 수를 항공사의 판단에 따라 제한할 수 있음)

MX.MAX STAY(최대 체류일)
BETWEEN KOREA, REPUBLIC OF AND AREA 3 FOR ROUND TRIP MHEEKR
TYPE FARES (Korea – Area3 간 MHEEKE 왕복 운임)

TRAVEL FROM LAST STOPOVER MUST COMMENCE NO LATER THAN 12
MONTHS AFTER DEPARTURE FROM FARE ORIGIN.
(최초 출발일로부터 12개월 이내에 마지막 STOPVER 지점에서 출발 조건
: 최대 체류일은 최초 여행 개시일로부터 12개월)

Command Page 1

SE.SEASONS(시즌)
BETWEEN KOREA, REPUBLIC OF AND SOUTHEAST ASIA FOR HIGH
SEASON FARES(Korea – 동남아시아 성수기 운임)

PERMITTED 17JUL THROUGH 22AUG OR 27NOV THROUGH 29FEB ON
THE FIRST INTERNATIONAL SECTOR.
(17JUL-22AUG 또는 27NOV-29FE에 첫 국제선 구간의 여행을 개시하여야 함)

SR.SALES RESTRICT(판매 제한)

TICKETS MUST BE ISSUED ON/AFTER 16JAN 12.
(16JAN12일 이후 발권 조건)

TR.TVL RESTRICTION(여행일자 제한)

VALID FOR TRAVEL COMMENCING ON/AFTER 01MAR 12.
(1월 16일 이후 여행 개시 조건)

AP.ADVANCE RES/TKT(사전 발권/예약)

RESERVATIONS ARE REQUIRED FOR THE FIRST SECTOR FOR DEPARTURE OF FIRST
INTERNATIONAL SECTOR.
(국제선 첫 구간에 대해 예약 확약 조건)

CD.CHILD DISCOUNTS(소아 할인)

ACCOMPANIED CHILD 2-11 - CHARGE 75 PERCENT OF THE FARE.
TICKET DESIGNATOR - CH AND PERCENT OF DISCOUNT
(2~11세의 동반 소아 : 운임의 75% 징수. TICKET DESIGNATOR-CH로 할인율 표시)

OR - UNACCOMPANIED CHILD 5-11 - CHARGE 100 PERCENT OF THE FARE.
NOTE -
ANY CHILD UNDER 5 YEARS OF AGE WILL NOT BE
ACCEPTED FOR CARRIAGE IF NOT ACCOMPANIED BY AN
ADULT PASSENGER.
(5~11세의 비동반 소아 : 운임의 100% 징수. 단, 5세 미만은 비동반 소아로 탑승 불가)

Command Page 1

OR - INFANT UNDER 2 WITH A SEAT - CHARGE 75 PERCENT OF THE FARE.
TICKET DESIGNATOR - CH AND PERCENT OF DISCOUNT
(좌석을 차지하는 2세 미만의 유아 : 운임의 75% 징수. TICKET DESIGNATOR-CH와 같은 할인율을 표시)

OR - 1ST INFANT UNDER 2 WITHOUT A SEAT - CHARGE 10 PERCENT OF THE FARE.
TICKET DESIGNATOR - IN AND PERCENT OF DISCOUNT.
(좌석을 차지하지 않는 2세 미만의 유아 : 운임의 10% 징수. TICKET DESIGNATOR-IN로 할인율 표시)

AD.AGTS DISCOUNTS(여행사 직원 할인)
NONE UNLESS OTHERWISE SPECIFIED(없음)

OD.OTHER DISCOUNTS(기타 할인)
NONE UNLESS OTHERWISE SPECIFIED(없음)

SO.STOPOVERS(도중 체류)
UNLIMITED STOPOVERS PERMITTED ON THE PRICING UNIT(무제한)

SU.SURCHARGES(할증료)
BETWEEN THAILAND AND KOREA, REPUBLIC OF(Thailand와 Korea 간)

IF INFANT UNDER 02 WITHOUT A SEAT. THERE IS NO FUEL SURCHARGE.
(2세 미만의 좌석 비점유 유아 : 유류할증료를 징수하지 않음)
NOTE -
THE SURCHARGE APPLIES IN ADDITION TO ALL OTHER
CHARGES AND IS NOT SUBJECT TO ANY DISCOUNT -

INCLUDING THOSE FOR CHILDREN.
THE SURCHARGE MUST BE COLLECTED AT TIME OF TICKET
ISSUANCE AND WILL BE INCORPORATED IN THE FARE
CALCULATION AS A -Q- SURCHARGE BY CONVERTING
THE SURCHARGE INTO NUC USING THE APPLICABLE
IATA RATE OF EXCHANGE /IROE/.

(할증은 운임에 추가로 부과되며, 소아를 포함한 다른 승객에 대해서 할인 적용 불가)

Command Page 1

OTHERWISE
ORIGINATING THAILAND -
A FUEL SURCHARGE OF USD 86.00 PER FARE COMPONENT WILL
BE ADDED TO THE APPLICABLE FARE.

(최초 Thailand 출발 시 – 유류 할증료 USD86.00을 운임에 추가하여 운임마디별 징수)

NOTE -
THE SURCHARGE APPLIES IN ADDITION TO ALL OTHER
CHARGES AND IS NOT SUBJECT TO ANY DISCOUNT -
INCLUDING THOSE FOR CHILDREN.
THE SURCHARGE MUST BE COLLECTED AT TIME OF TICKET
ISSUANCE AND WILL BE INCORPORATED IN THE FARE
CALCULATION AS A -Q- SURCHARGE BY CONVERTING
THE SURCHARGE INTO NUC USING THE APPLICABLE
IATA RATE OF EXCHANGE /IROE/.

(할증은 운임에 추가로 부과되며, 소아를 포함한 다른 승객에 대해서 할인 적용은 불가함. 할증은 발권 시 징수하며, IATA ROE를 사용하여 NUC로 환산하여, 운임 계산내역에 Q로 표시함)

ORIGINATING KOREA, REPUBLIC OF
A FUEL SURCHARGE OF USD 58.00 PER FARE COMPONENT WILL
BE ADDED TO THE APPLICABLE FARE.

(최초 Korea 출발 시 – 유류 할증료 USD58.00을 운임에 추가하여 운임마디별 징수함)

NOTE -
THE SURCHARGE APPLIES IN ADDITION TO ALL OTHER
CHARGES AND IS NOT SUBJECT TO ANY DISCOUNT -
INCLUDING THOSE FOR CHILDREN.
THE SURCHARGE MUST BE COLLECTED AT TIME OF TICKET
ISSUANCE AND WILL BE INCORPORATED IN THE FARE
CALCULATION AS A -Q- SURCHARGE BY CONVERTING
THE SURCHARGE INTO NUC USING THE APPLICABLE
IATA RATE OF EXCHANGE /IROE/.

(할증은 운임에 추가로 부과되며, 소아를 포함한 다른 승객에 대해서 할인 적용은 불가함. 할증은 발권 시 징수하며, IATA ROE를 사용하여 NUC로 환산하여, 운임 계산내역에 Q로 표시함)

Command Page 1

PE.PENALTIES(페널티)
BETWEEN KOREA, REPUBLIC OF AND SOUTHEAST ASIA FOR MHEEKR TYPE FARES
(Korea – 동남아시아 간 MHEEKE 왕복운임)

CANCELLATIONS(취소)

ANY TIME(상시적용 조건)
CHARGE KRW 70000 FOR CANCEL/NO-SHOW/REFUND.
CHILD/INFANT DISCOUNTS APPLY.
(Cancel/No-Show/Refund 시 KRW 70,000 징수, 소아/유아할인 적용 가능함)
WAIVED FOR DEATH OF PASSENGER OR FAMILY MEMBER.
(승객 본인 또는 가족 사망 시 면제 가능함)
NOTE -
1. PENALTY DOES NOT APPLY FOR INFANTS NOT OCCUPYING A SEAT.
2. WAIVED FOR UPGRADE TO HIGHER NORMAL FARES.
3. IN CASE OF CANCEL/NO-SHOW/REFUND FOR COMBINING
M-EE AND B-EE FARES MORE RESTRICTIVE RULE APPLY

CHANGES(변경)
(주: 1. 좌석 비점유 유아는 Penalty를 적용하지 않음
2. 상위 Normal Fare로 변경 시 Penalty는 면제됨
3. M-EE와 B-EE 운임이 결합된 경우, 더 제한적인 Penalty 규정을 적용함)

ANY TIME(상시적용 조건)
CHANGES PERMITTED FOR REVALIDATION. CHARGE KRW 50000 FOR REISSUE.
(Revalidation 가능. 재발행 시 KRW 50,000 징수)
NOTE -
1/ WHEN CHANGES MADE TO THE 1ST FLIGHT COUPON
- NEW TICKET SHOULD BE ISSUED BASED ON THE
IROE/FUEL SURCHARGE/FARE LEVEL/FARE RULES/
TAXES/CURRENCY OF THE DATE WHEN TICKET
BEING EXCHANGED
- 1ST REISSUE DUE TO DATE/FLIGHT CHANGE
INCLUDING THE 1ST COUPON IS FREE OF CHARGE
FOR TICKET WITH UNCHANGED OUTBOUND.
THE ORIGINAL FARE BASIS SHOULD BE APPLIED.
ANY DIFFERENTIAL OF FARE/CURRENCY/IROE/FUEL
SURCHARGE/TAX SHOULD BE PAID.

Command Page 1

(주- 1. 1ST Flight Coupon이 변경되는 경우

- 발행일 기준으로 ROE/유류세/운임수준/운임규정/TAX/통화로 재발행되어야 함.
- Outbound 구간에 대해 날짜/비행편 변경으로 인한 첫 번째 재발행은 Penalty 징수 없이 가능함.
- WHEN CHANGES MADE TO OTHER COUPONS EXCEPT FOR THE 1ST FLIGHT COUPON
- REVALIDATION IS PERMITTED FOR FREE.
  WHEN OTHER AIRLINES ARE INCLUDED REISSUE FOR REVALIDATION TO CHANGE FLIG
  - A/ NO CHANGES ARE MADE TO CARRIERS/ROUTING/ FARES
    B/ WITHIN PERMITTED OAL CLASSES WITHOUT FARE DIFFERENCE
  - REISSUE IS FREE OF CHARGE REQUIRED ONLY BY CHANGES IN TAX
  - CHILD DISCOUNT APPLY
  - PENALTY DOES NOT APPLY FOR INFANTS NOT OCCUPY- ING A SEAT
  - SUCH TRANSACTION MUST BE MADE NOT LATER THAN
    THE DAY BEFORE THE DAY OF THE FLIGHT BEING
    CHANGED AND PENALTY APPLIES PER TRANSACTION
  - IN CASE THAT REVALIDATION/REISSUE TRANSACTION
    MADHTS/ DATE IS PERMITTED FREE OF CHARGE PROVIDED
    E AT OTHER AIRLINE OFFICES THAN KE OFFICES
    SERVICE CHARGE MAY BE COLLECTED FROM PASSENGERS
    ACCORDING TO THE CONCERNED AIRLINES POLICY

2. 1st Flight Coupon 이외의 Flight Coupon 변경 시
   - Revalidation은 무료 허용.
     KE 이외의 타 항공사가 포함된 여정 시, 항공사/여정/운임의 변동이 없는 비행편 또는 일자, Class 변경되는 Revalidation 목적의 재발행 시 무료로 허용.
   - Tax 변동으로 인한 재발행 시 무료로 허용.
3. 소아 할인적용.
4. 좌석 비점유 유아 승객은 Penalty를 적용하지 않음

Command Page 1

5. KE 이외의 항공사에서 Revalidation 및 Reissue가 이루어지는 경우, 해당 항공사의 정책에 따라 서비스 수수료가 부과될 수 있음.

CO.COMBINABILITY(운임 결합)
BETWEEN KOREA, REPUBLIC OF AND SOUTHEAST ASIA FOR MHEEKR
TYPE REGULAR EXCURSION FARES
(Korea – 동남아시아 간 MHEEKE Excursion 운임)

ADD-ON CONSTRUCTION IS ADDRESSED IN MISCELLANEOUS
PROVISIONS - CATEGORY 23.
(Add-on 결합 조항은 Miscellaneous 규정-Category23을 참조하라.)

END-ON-END(End-On-End 결합)
- END-ON-END COMBINATIONS PERMITTED. VALIDATE ALL FARE
  COMPONENTS. FARES MUST BE SHOWN SEPARATELY ON THE
- TICKET. SIDE TRIPS PERMITTED WITH NO RESTRICTIONS.

PROVIDED - COMBINATIONS ARE WITH ANY RULE IN ANY PUBLIC TARIFF.
(End-On-End 결합 가능하다. Side Trip도 허용한다.)
ROUND TRIPS/CIRCLE TRIPS

FARES MAY BE COMBINED ON A HALF ROUND TRIP BASIS
- TO FORM ROUND TRIPS
- TO FORM CIRCLE TRIPS EXCEPT FOR AROUND-THE-WORLD FARES.

PROVIDED
- COMBINATIONS ARE WITH ANY FARE FOR CARRIER KE IN RULE
  KR03 IN TARIFF
- WITHIN AREA 3-INTERNATIONAL.
- 왕복/일주여정

KE , IPRPG TARIFF RULE번호 KR03의 운임 사용 조건
- 왕복/일주여정(단, 세계일주여정 제외)용으로 1/2RT 결합 가능.

OPEN JAWS
- FARES MAY BE COMBINED ON A HALF ROUND TRIP BASIS WITH KE
  FARES
- TO FORM SINGLE OR DOUBLE OPEN JAWS WHICH CONSISTS OF NO
  MORE THAN 2 INTERNATIONAL FARE COMPONENTS AND THE OPEN
  SEGMENT AT ORIGIN MUST BE IN ONE COUNTRY. THE OPEN
  SEGMENT AT DESTINATION HAS NO RESTRICTIONS.

Command Page 1

```
PROVIDED -
        WHEN THE OPEN SEGMENT OCCURS
        WITHIN SOUTHEAST ASIA OR WITHIN KOREA, REPUBLIC OF
        COMBINATIONS ARE WITH ANY FARE FOR CARRIER KE IN RULE
        KR03 IN TARIFF
        IPRPG - WITHIN AREA 3-INTERNATIONAL.
```

- 가위 벌린 여정

KE, IPRPG TARIFF RULE번호 KR03의 운임 사용 조건, 비항공 운송구간이 동남아시아 내 또는 Korea에서 발생했다면, 가위 벌린 여정에 대해 1/2RT로 운임 결합이 가능함. 가위 벌린 여정은 2개 이내의 국제선 운임 마디로 구성되어야 하며, 출발지 가위 벌린 여정의 경우 비항공 운송구간은 동일 국가이어야 함.

4 CURRENCY 변환(HE FQC)

산출한 운임을 출발지국 통화로 변환할 때 GDS를 이용하여 간편하게 조회할 수 있다. 유효한 ROE(Rate of Exchange) 및 BSR, BBR을 이용한 Currency 변환 기능으로 날짜를 지정하는 경우 과거 12개월 전까지의 환율을 적용한 Currency 변환이 가능하다.

1) 기본 Entry(FQC)

별도의 특별한 Currency 지정이 없는 경우, 터미널이 위치한 도시의 Currency를 기준으로 한 다른 통화와의 변환이 이루어진다.

즉, 한국 내에서 통화 변환을 요청하는 경우라면 KRW로 자동 변경됨을 의미하는 것이다.

FQC : 기본지시어 / FROM : 100GBP → TO : KRW로 변환
FROM : 100GBP → 터미널 도시의 설정 통화로 변환

해당 통화의 환율 정보만 확인하기

GBP : 통화 코드(예: POUND STERLING)
GB : 국가코드(예: 영국)
LON : 도시코드(예: 런던)

```
>FQC100GBP/KRW
BSR CONVERSION OF GBP TO KRW
KRW 180600 - ROUNDED AS FARES
KRW 180600 - ROUNDED AS OTHER CHARGES
KRW 180562 - AMOUNT TRUNCATED
BSR USED 1 GBP = 1805.62 KRW EFF 28JAN14

ROUNDING OF FARES UP TO 100 KRW
ROUNDING OF OTHER CHARGES UP TO 100 KRW

GBP - POUND STERLING
KRW - S.KOREAN WON
```

2) 환율을 지정한 변환

FQC : 기본지시어
FROM : 100USD → TO : 1500원 환율로 KRW로 변환

이 기능은 항공권 재발행 시(Reissue)에 유용하게 사용할 수 있다.

```
>FQC100USD/KRW1500
CONVERSION OF USD TO KRW
KRW 150000 - ROUNDED AS FARES
KRW 150000 - ROUNDED AS OTHER CHARGES
KRW 150000 - AMOUNT TRUNCATED
INPUT USED 1 USD = 1500 KRW

ROUNDING OF FARES UP TO 100 KRW
ROUNDING OF OTHER CHARGES UP TO 100 KRW

USD - US DOLLAR
KRW - S.KOREAN WON
```

Chapter 3

항공운임의 계산

항공운임의 계산방법은 승객이 여행한 거리에 따른 Mileage System과 경유지와 경유항공사를 기준으로 계산하는 Routing System의 두 가지 방법이 있다.

승객의 항공여행은 출발지부터 목적지까지 단순편도 또는 단순왕복을 여행하는 형태가 대부분이지만, 경우에 따라서는 최초 출발지와 최종 목적지 사이에 중간지점을 경유하는 형태로 여행을 하기도 한다.

- SEL → PAR : 단순 편도여정
- **SEL → PAR → SEL** : 단순 왕복여정
- SEL → PAR → LON → FRA → SEL : 왕복 or 일주여정

1 MILEAGE SYSTEM(거리제도)

Mileage System(거리제도)은 승객이 여행한 거리에 의해 운임이 결정되는 운임 계산방법으로 승객이 실제 여행한 거리(TPM)와 최대허용거리(MPM)를 비교하여 항공운임을 계산한다. Mileage System으로 항공운임을 계산할 때에는 다음과 같은 3대 요소가 적용된다.

1) MPM : Maximum Permitted Mileage(최대허용거리)

- 출발지부터 목적지까지 공시운임으로 여행할 수 있는 최대허용거리
- 구간별 MPM은 실제 비행거리보다 15~20% 정도 높게 설정되어 있다.
- 승객의 여정이 출발지부터 목적지 사이 중간지점을 경유하더라도 운임 변화 없이 여행할 수 있는 탄력성이 있다.
- 두 지점 사이에 항공기가 운항하지 않더라도 MPM은 설정되어 있다.

2) TPM : Ticketed Point Mileage(실제 운항거리)

- 승객이 여행하는 구간의 실제 운항거리
- 승객의 여정이 여러 지점을 경유해서 여행하는 경우 구간운항거리의 합(CUM)을 산출하여 MPM과 비교하여 할증여부가 결정된다.
- TPM은 항공편이 운항중인 구간에만 설정되어 있다.

MPM vs TPM

승객의 운임을 계산하기 위한 첫 번째 순서로 승객이 여행하는 여정에 대한 운항거리를 확인하는 작업으로 'Fare System' 중 'FQM' Entry를 사용하면 간단히 조회할 수 있다.

☞ FQMSELBKKSIN(FQM : Mileage 조회 ENTRY)

```
>FQMSELBKKSIN

CTY    DC TPM   CUM   MPM   DC LVL  (HGL)   LWL   25M  XTRA
SEL  3
BKK  3 EH 2286  2286  2743  EH  0M   457     0   3428     0
SIN  3 EH  889  3175  3459  EH  0M   284     0   4323     0
```

3) EMS : Excess Mileage Surcharge(초과거리 할증)

- 승객의 여정이 여러 도시를 경유하는 경우, 전체 여정 구간거리의 합(CUM)이 MPM보다 큰 경우에 적용된다.
- 운임할증은 5%, 10%, 15%, 20%, 25% 까지 총 5단계까지 적용 가능하다.
- 할증이 발생(TPM ≧ MPM)되었을 경우 할증률을 적용한다.
- 할증율이 25%를 초과하는 경우에는 하나의 운임 마디로 계산할 수 없다.

거리 초과 비율에 대한 할증계산 = TOTAL TPM ÷ MPM × 100 − 100

거리초과비율	운임할증률	운임적용
0% 초과 5% 이하	5%	해당운임×1.05
5% 초과 10% 이하	10%	해당운임×1.10
10% 초과 15% 이하	15%	해당운임×1.15
15% 초과 20% 이하	20%	해당운임×1.20
20% 초과 25% 이하	25%	해당운임×1.25
25% 초과	운임 마디를 나누어 계산	

예) SEL – (KE)SIN – (AF) PAR에 대한 Mileage를 조회하라.

```
>FQMSELSINPAR

CTY   DC  TPM   CUM   MPM   DC  LVL  (HGL)  LWL   25M   XTRA
SEL  3
SIN  3 EH  2883  2883 3459  EH   0M   576    0   4323     0
PAR  2 EH  6659  9542 8684  EH  10M    10  424  10855     0
```

MPM	8684MILE
TPM(= CUM)	9542MILE
EMS	9542 ÷ 8684 × 100 - 100 = 9.88% (9.88%는 거리초과비율 5~10% 사이, 운임할증률 10% 해당)
할증율 표기	10M
운임계산	해당운임 × 1.10 적용

예) SEL – (KE) HKG – (BA) LON – (BA)ROM 구간의 Mileage를 조회하라.

```
>FQMSELHKGLONROM

CTY   DC   TPM   CUM   MPM   DC   LVL   (HGL)   LWL   25M  XTRA
SEL  3
HKG  3  EH  1295  1295  1554  EH   0M    259     0   1942    0
LON  2  EH  5965  7260  8914  EH   0M   1654     0  11142    0
ROM  2  EH   894  8154  7891  EH   5M    131   263   9863    0
```

MPM	7891
TPM(=CUM)	8154(TPM > MPM = EMS 발생)
EMS	8154 ÷ 7891 × 100 - 100 = 3.3% 할증
할증율 표기	5M
운임계산	해당운임 × 1.05 적용

연습문제

다음 여정의 Mileage를 조회하여 할증 유무를 표기하라.

1. SEL - TPE - BKK - SIN

MPM	
TPM	
EMS / 할증율	

2. SEL - SIN – LON – MAN

MPM	
TPM	
EMS	

3. SEL - BKK - IST – CAI

MPM	
TPM	
EMS	

4. SEL - HKG - SYD – BNE

MPM	
TPM	
EMS	

2 MILEAGE SYSTEM의 운임 계산방법

Mileage system 운임 계산은 거리에 의해 운임이 결정된다. 승객의 여정이 출발지부터 목적지까지 가는 도중에 다른 도시에서 체류하더라도 여행한 운항거리(TPM)가 최대허용거리(MPM) 범위보다 작은 경우일 경우라면, 체류도시와 체류횟수에 관계없이 출발지와 목적지 운임만으로 계산한다.

만일, 승객이 여행한 거리(TPM)가 구간 최대허용거리(MPM)보다 큰 경우라도 초과할증 최대허용 구간 25% 내에 있는 경우라면, 출발지부터 목적지까지 운임에 거리초과 비율만큼만 할증하는 탄력적인 운임 계산방법이 적용된다. Mileage system 운임 계산방법은 아래 표에 정리한 내용과 같다.

계산방법 및 적용순서	지정 ENTRY
① 여정분석	GI, 운임 적용 방향, 적용 운임
② 출발지부터 목적지까지 Mileage 확인	FQM
③ 출발지-목적지 간 공시운임(NUC) 확인	FQD
④ 각종 Charge 확인	Q Charge, S/O, 각종 Charge
⑤ 출발지국 통화로 환산	FQC

예) SEL – (AF) PAR – (AF) ROM – (AZ) LON에 대한 운임을 계산하라.

① 여정분석 : GI(TS), 운임 적용 방향, 적용운임(OW)

② 출발지부터 목적지까지 Mileage 확인

```
>FQMSELPARROMLON

CTY    DC  TPM   CUM  MPM  DC  LVL  (HGL)   LWL   25M  XTRA
SEL 3
PAR 2  TS  5626  5626 8342  TS   0M  2716     0  10427     0
ROM 2  EH   686  6312 8286  TS   0M  1974     0  10357     0
LON 2  EH   894  7206 8366  TS   0M  1160     0  10457     0
```

③ 출발지(SEL) - 목적지(LON) 간 AF항공사 Y운임(NUC) 확인 : 2128.62

```
>FQDSELLON/R,NUC/AAF
ROE 1056.772 UP TO 100.00 KRW
03FEB14**03FEB14/AF SELLON/NSP;TS/TPM  5646/MPM  8366
LN FARE BASIS    OW    NUC    RT        B PEN  DATES/DAYS    AP  MIN MAX  R
01  YEEIF6M                 2397.30  + -       -    -       -    5+  6M   M
02  YIF                     3371.10  + -       -    -        -    -   -  M
03  YIF          2128.62             + -       -    -        -    -   -  M
04  CIF                     6835.90  + -       -    -        -    -   -  M
05  CIF          4443.34             + -       -    -        -    -   -  M
06  FIF                     9709.84  + -       -    -        -    -   -  M
07  FIF          6311.48             + -       -    -        -    -   -  M
```

☞ TPM 〈 MPM이므로 출발지(SEL) - 목적지(LON)의 운임인 NUC 2128.62를 그대로 징수한다.

④ 각종 Charge 확인(HKG Q - Charge, S/O Charge 등)

⑤ 출발지국 통화로 환산

```
>FQC2128.62NUC/KRW
CONVERSION OF NUC TO KRW
KRW 2315700 - ROUNDED AS FARES
KRW 2315691 - AMOUNT TRUNCATED
ROE USED 1 NUC = 1087.884 KRW EFF 01FEB14

ROUNDING OF FARES UP TO 100 KRW

NUC - NEUTRAL UNIT OF CONSTRUCTION
KRW - S.KOREAN WON
```

☞ 위 예제의 운임 계산과정을 정리하면 다음과 같다.

계산방법 및 적용순서	지정 ENTRY
① 여정분석	TS/OW
② 출발지부터 목적지까지 Mileage 확인	M(할증 없음)
③ 출발지-목적지 간 공시운임(NUC) 확인	FQDSELLON(OW/AF) : 2128.62
④ 각종 Charge 확인	없음
⑤ 출발지국 통화로 환산	KRW 2315700

☞ 운임 표기 예

```
SEL
PAR
ROM    M
LON - 2128.62
______________________
NUC 2128.62
KRW 2315700
```

예) SEL – (SQ) SIN – (SQ) PAR에 대한 운임을 계산하라(할증 발생).

① 여정분석 : GI(EH), 운임 적용 방향(↓), 적용 운임(OW)

② 출발지부터 목적지까지 Mileage 확인

```
>FQMSELSINPAR

CTY   DC   TPM  CUM  MPM  DC   LVL  (HGL)  LWL    25M  XTRA
SEL 3
SIN 3 EH  2883 2883 3459 EH    0M    576     0   4323     0
PAR 2 EH  6659 9542 8684 EH   10M     10   424  10855     0
```

☞ TPM 〉 MPM인 경우 Mileage가 25M 구간 내에만 있으면 출발지 - 목적지까지 운임에 할증률만 적용하여 징수

③ 출발지(SEL) - 목적지(PAR) 간 공시운임(NUC) 확인(EH/OW = 2084.41 : 14 Line)

```
>FQDSELPAR/R,NUC/ASQ

FQDSELPAR/R,NUC/ASQ
AB AF AI AY AZ BA BD BR CA  TAX NOT INCLUDE
CI CX CZ DE EK EY GF HU HY  SURCHG MAY APLLY-CK RULE
IT JL KE KL LA LH LO LT LX
MH MU NH NW NZ OK OS OZ PK
QF QR RJ SK SN SQ SU SV TG
TK UA UL VA VN VS WY 9W / YY*
E6 FD FR GI GX G5 JD KE LH
LL LQ OZ QH QZ RB RY R3 R8
```

```
ROE 1056.772 UP TO 100.00 KRW
03FEB14**03FEB14/SQ SELPAR/NSP;TS/TPM  5626/MPM  8342
LN FARE BASIS     OW    NUC    RT     B PEN  DATES/DAYS    AP MIN MAX   R
01 YEEIF6M                  2397.76   + -      -    -     -   5+  6M    M
02 FIF                      9130.52   + -      -    -     -        -    M
03 FIF            6192.14             + -      -    -     -        -    M
04 CIF                      7103.29   + -      -    -     -        -    M
05 CIF            4807.49             + -      -    -     -        -    M
06 YIF                      3276.08   + -      -    -     -        -    M
07 YIF            2129.45             + -      -    -     -        -    M

03FEB14**03FEB14/SQ SELPAR/NSP;EH/TPM ...../MPM  8684
08 YEEIF6M                  2397.76 + -        -    -     -   5+  6M    M
09 FIF                      9030.52   + -      -    -     -        -    M
10 FIF            6210.14             + -      -    -     -        -    M
11 CIF                      6526.29   + -      -    -     -        -    M
12 CIF            4242.18             + -      -    -     -        -    M
13 YIF                      3206.08   + -      -    -     -        -    M
14 YIF            2084.41             + -      -    -     -        -    M
```

☞ Key MPM ≧ Total TPM인 경우 : 출발지/목적지 운임을 그대로 적용

MPM < Total TPM인 경우 : 출발지/목적지 운임에 할증률 적용하여 계산

☞ SEL -PAR(Y/OW) 운임에 할증률 적용하여 계산 : 2084.41 × 1.10 = NUC 2292.85

④ 각종 Charge 확인(Q-Charge, S/O Charge 등)

⑤ 출발지국 통화로 환산

```
>FQC2292.85NUC/KRW
CONVERSION OF NUC TO KRW
KRW 2494400 - ROUNDED AS FARES
KRW 2494354 - AMOUNT TRUNCATED
ROE USED 1 NUC = 1087.884 KRW EFF 01FEB14

ROUNDING OF FARES UP TO 100 KRW

NUC - NEUTRAL UNIT OF CONSTRUCTION
KRW - S.KOREAN WON
```

```
SEL
SIN   10M
PAR  2292.85
_____________
NUC  2292.85
KRW 2494400
```

☞ 운임 계산과정 정리 : SEL - (SQ) SIN - (SQ) PAR(출발지 : SEL, 목적지 : PAR)

계산방법 및 적용순서	지정 ENTRY
① 여정 분석	EH/OW/SQ
② 출발지부터 목적지까지 Mileage 확인	10M
③ 출발지-목적지간 공시운임(NUC) 확인	2084.41(할증 적용) × 1.10
④ 각종 Charge 확인	없음
⑤ 출발지국 통화로 환산	KRW 2494400

연습문제

1. SEL - (KE) HKG -(AF) PAR −(AF) LON (F/B: LON)

2. SEL - (SQ) SIN - (SQ) LON − (BA) PAR (F/B: PAR)

3. SEL − (AF) PAR - (AF) LON − (BA) MAN (F/B: MAN)

4. SEL − (CX) HKG - (QF) SYD - (QF) BNE (F/B: BNE)

5. SEL - (AZ) ROM - (AZ) IST − (TK) CAI (F/B: CAI)

3 비항공 운송구간(Surface Transportation)

- 승객이 항공편을 이용하지 않고 다른 교통수단을 이용함으로 인해 항공여정이 일시적으로 중단된 구간 (예약 작업 중 ARNK구간)
- 항공편이 존재하는 구간이지만, 승객이 자의로 여정 중에 일부구간을 다른 교통수단을 이용하여 항공여정이 일시적으로 중단되는 구간

1) 비항공운송구간의 운임 계산방법

방법 1) 비항공 운송구간이 발생된 지점을 운임 분리지점으로 나누어 계산

방법 2) 비항공 운송구간이 발생된 지점을 TPM구간에 포함하여 전체 여정을 하나의 운임 마디로 계산

☞ 두 가지 방법으로 산출된 운임결과 중 저렴한 운임을 적용한다.

예) SEL - (KE) MNL X HKG - (TG) BKK - (TG) JKT

〈방법 1에 의한 운임 계산〉

```
(EH/OW)
SEL  |
MNL  ↓ -
 X
HKG  -
BKK  |
JKT  ↓
```

■ 첫 번째 마디

① 여정 분석 : OW/EH

② Mileage Check 실시

```
>FQMSELMNL

CTY   DC  TPM   CUM   MPM  DC  LVL  (HGL)  LWL  25M  XTRA
SEL 3
MNL 3 EH  1627  1627  1952 EH   0M   325     0  2440     0
```

③ 운임 마디별 출발지 - 목적지 운임조회(Y/OW = 477.62, Line : 4)

```
>FQDSELMNL/AKE/R,NUC

FQDSELPAR/R,NUC/AYY
AB  AF  AI  AY  AZ  BA  BD  BR  CA  TAX NOT INCLUDE
CI  CX  CZ  DE  EK  EY  GF  HU  HY  SURCHG MAY APLLY-CK RULE
IT  JL  KE  KL  LA  LH  LO  LT  LX
MH  MU  NH  NW  NZ  OK  OS  OZ  PK
QF  QR  RJ  SK  SN  SQ  SU  SV  TG
TK  UA  UL  VA  VN  VS  WY  9W / YY*
E6  FD  FR  GI  GX  G5  JD  KE  LH
LL  LQ  OZ  QH  QZ  RB  RY  R3  R8
ROE 1056.772 UP TO 100.00 KRW
03FEB19**03FEB19/KE SELMNL/NSP;EH/TPM  1627/MPM  1952
LN FARE BASIS    OW    NUC  RT      B  PEN    DATES/DAYS    AP  MIN  MAX  R
01 YHPX15                   680.94  +  P10  S01FEB 28FEB  +    3+   15   M
02 YHEE1M                   839.14  +   -   S01FEB 28FEB  -    3+   1M   M
03 Y                        868.24  +   -  -         -    -     -    -   M
04 Y             477.62             +   -  -         -    -     -    -   M
05 C                        1312.10 +   -  -         -    -     -    -   M
06 C             721.72             +   -  -         -    -     -    -   M
07 F                        1573.46 +   -  -         -    -     -    -   M
08 F             865.46             +   -  -         -    -     -    -   M
```

■ 두 번째 마디

① 여정 분석 : OW/EH

② Mileage Check 실시

```
>FQMHKGBKKJKT

CTY    DC   TPM   CUM   MPM   DC  LVL  (HGL  ) LWL    25M   XTRA
HKG 3
BKK 3  EH   1049  1049  1258  EH  0M    209      0   1572     0
JKT 3  EH   1444  2493  2434  EH  5M     62     59   3042     0
```

③ 운임 마디별 출발지(HKG) - 목적지(BKK) 운임조회(Y/OW = 987.60, Line : 3)

```
>FQDSHKGJKT/ATG/R,NUC
AB  AF  AI  AY  AZ  BA  BD  BR  CA     TAX NOT INCLUDE
CI  CX  CZ  DE  EK  EY  GF  HU  HY     SURCHG MAY APLLY-CK RULE
IT  JL  KE  KL  LA  LH  LO  LT  LX
MH  MU  NH  NW  NZ  OK  OS  OZ  PK
QF  QR  RJ  SK  SN  SQ  SU  SV  TG
TK  UA  UL  VA  VN  VS  WY  9W / YY*
E6  FD  FR  GI  GX  G5  JD  KE  LH
LL  LQ  OZ  QH  QZ  RB  RY  R3  R8
MO RE FARES AVAIL IN AUD
ROE 7.753710 UP TO 10.00 HKD
03FEB19**03FEB19/YY HKGJKT/NSP;EH/TPM  2029/MPM  2434
*SURCHARGE OF HKD33 OR EQUIV IN NUC MAY APPLY DEPARTURE HKG*

LN FARE BASIS    OW   NUC    RT      B  PEN  DATES/DAYS   AP  MIN  MAX  R
01 YEEIF3M                1305.18  +   +     -     -     -   2+   3M   M
02 YIF                    1518.78  +   -     -     -     -   -    -    M
03 YIF           987.60            +   -     -     -     -   -    -    M
04 CIF                     3367.42 +   -     -     -     -   -    -    M
05 CIF          2189.91            +   -     -     -     -   -    -    M
06 FIF                     4479.14 +   -     -     -     -   -    -    M
07 FIF          2912.15            +   -     -     -     -   -    -    M
```

④ HKG - JKT(Y/OW) 운임에 할증(5M) 적용하여 계산 : 987.60 × 1.05 = NUC 1036.98

☞ 두 운임 마디 결과를 합하여 Total NUC를 구하고, 출발지국 통화로 환산

FROM/TO		
SEL	CARR	FARE CALC
MNL	KE	481.85
X	/	
HKG	TG	
BKK	TG	5M
JKT		1036.98
TTL NUC		1518.83
FARE KRW		1942800
TOTAL		

〈방법 2에 의한 운임 계산〉

```
(EH/OW)
SEL
MNL
X
HKG
BKK
JKT -
```

① 운임 마디 : JKT(MNL-HKG 구간의 TPM을 포함하여 하나의 운임 마디로 계산)

② 여정 분석 : OW/EH

③ Mileage Check 실시(25M 할증)

```
>FQMSELMNLHKGBKKJKT

CTY     DC   TPM   CUM   MPM   DC   LVL  (HGL  ) LWL   25M   XTRA
SEL 3
MNL 3   EH   1627  1627  1952  EH    0M   325     0  2440     0
HKG 3   EH    712  2339  1554  EH   EXC     0   397  1942     0
BKK 3   EH   1049  3388  2743  EH   25M    40    97  3428     0
JKT 3   EH   1444  4832  3937  EH   25M    89   108  4921     0
```

④ 운임 마디별 출발지(SEL) - 목적지(JKT) 운임조회(Y/OW = 872.24, Line : 4)

```
>FQDSELJKT/AKE/R,NUC
AB  AF  AI  AY  AZ  BA  BD  BR  CA     TAX NOT INCLUDE
CI  CX  CZ  DE  EK  EY  GF  HU  HY     SURCHG MAY APLLY-CK RULE
IT  JL  KE  KL  LA  LH  LO  LT  LX
MH  MU  NH  NW  NZ  OK  OS  OZ  PK
QF  QR  RJ  SK  SN  SQ  SU  SV  TG
TK  UA  UL  VA  VN  VS  WY  9W / YY*
E6  FD  FR  GI  GX  G5  JD  KE  LH
LL  LQ  OZ  QH  QZ  RB  RY  R3  R8
ROE 1056.772 UP TO 100.00 KRW
```

```
03FEB19**03FEB19/KE SELJKT/NSP;EH/TPM  3281/MPM  3937
LN FARE BASIS    OW   NUC  RT       B PEN   DATES/DAYS    AP  MIN  MAX  R
01 YHPX15                 1113.94 + P10  S01FEB 28FEB  +    3+  15   M
02 YHEE1M                 1368.22 + -    S01FEB 28FEB  -    3+  1M   M
03 Y                      1585.82 + -    -      -      -    -   -    M
04 Y             872.24           + -    -      -      -    -   -    M
05 C                      2362.28 + -    -      -      -    -   -    M
06 C            1299.33           + -    -      -      -    -   -    M
07 F                      2835.22 + -    -      -      -    -   -    M
08 F            1559.46           + -    -      -      -    -   -    M
```

⑤ SEL - JKT(Y/OW) 운임에 할증(25M) 적용하여 계산 : 872.24 × 1.25 = NUC 1090.30

FROM/TO		
SEL	CARR	FARE CALC
MNL	KE	
HKG	/	
BKK	TG	25M
JKT	TG	1094.53
TTL NUC		1094.53
FARE KRW		1190800

☞ 최종 운임산출 : [방법 1], [방법 2]로 산출된 계산결과를 비교하여 저렴한 값을 적용한다.

[방법 1]

FROM/TO		
SEL	CARR	FARE CALC
MNL	KE	481.85
X	/	
HKG	TG	
BKK	TG	5M
JKT		1036.98
TTL NUC		1518.83
FARE KRW		1942800

[방법 2]

FROM/TO		
SEL	CARR	FARE CALC
MNL	KE	
HKG	/	
BKK	TG	25M
JKT	TG	1094.53
TTL NUC		1094.53
FARE KRW		1190800

☞ 운임적용 : [방법 2]가 저렴하기 때문에 [방법 2]의 결과값을 적용한다.

연습문제

1. SEL-(TG) TPE-(TG) BKK × SIN-(GA) JKT

2. SEL-(CX) TPE-(CX) HKG × MNL-SIN

3. SEL-(TG) X/BKK-(TG)CAI × TLV-(AZ) ROM

4 MILEAGE SYSTEM의 보완규정

Mileage System 계산방법의 특징은 승객의 여정이 여러 도시를 경유하게 되는 경우라도 구간 최대허용거리에 있을 경우라면 체류도시와 체류횟수에 관계없이 출발지부터 목적지까지의 운임으로 산출하는 운임 계산방법의 특징이 있다. 그러나 출발지-목적지까지의 운임보다 중간지점의 운임이 높은 경우가 있음에도 불구하고 이를 간과하는 경우에는 불합리한 계산결과가 나오게 된다. 따라서 승객의 여정에 대한 합리적인 계산결과를 위해 Mileage System은 다음과 같은 보완규정을 적용해야만 한다.

1) 중간 높은 운임(Higher Intermediate Point : HIP)

SEL/SGN : 625.88	
< A승객 > SEL BKK 5M SGN 657.17 ――――― NUC 657.17	< B승객 > SEL BKK 675.93 ――――― NUC 657.93
SEL/MAN : 2193.98	
< A승객 > SEL SIN 10M MAN 2413.37 ――――― NUC 2413.37	< B승객 > SIN M MAN 5493.08 ――――― NUC 5493.08

Mileage System의 기본 운임규정에 따르면, 출발지와 목적지 간의 공시운임을 기준으로 운임을 계산하게 되지만, 위의 예에서 보듯 경우에 따라서는 출발지와 목적지 간의 운임보다 중간지점의 운임이 더 높을 수 있다. 이와 같은 경우에도 중간지점의 높은 운임을 무시하고 출발지와 목적지 간의 운임을 적용한다면 불합리한 계산결과가 산출될 수 있다. 따라서 중간 도시를 체류하는 경우 이러한 불합리를 보완하는 규정으로 중간 높은 운임(Higher Intermediate Point : HIP) Check를 반드시 실시해야 하는 규정을 적용해야 한다.

2) HIP CHECK 방법

승객의 여정이 출발지부터 목적지 사이에 도중 체류지점이 한 곳이라도 있는 경우에는 반드시 출발지부터 목적지까지 운임을 구한 후 다음 3가지 경우의 운임과 비교하여 가장 높은 운임을 적용한다.

HIP CHECK 지점 선정

- 출발지에서 도중체류지점 간의 운임
- 도중체류지점과 도중체류지점 간의 운임
- 도중체류지점과 목적지 간의 운임

SEL
X/TPE
BKK
JKT -

출발지 - 도중체류지	SELBKK
도중체류지 - 도중체류지	해당 없음
도중체류지 - 목적지	BKKJKT

HIP 규정을 적용한 운임 계산방법

예) SEL – (TG) X/TPE – (TG) BKK – (TG) JKT의 운임을 계산하라.

① 여정 분석 : OW/EH

② Mileage Check 실시(할증률 : 0M)

```
>FQMSELTPEBKKJKT/ATG

CTY    DC  TPM   CUM    MPM   DC  LVL  (HGL  ) LWL   25M   XTRA
SEL 3
TPE 3 EH   914   914   1096  EH   0M   182    0   1370     0
BKK 3 EH  1555  2469   2743  EH   0M   274    0   3428     0
JKT 3 EH  1444  3913   3937  EH   0M    24    0   4921     0
```

③ 출발지(SEL)에서 목적지(JKT)까지의 운임조회(SELJKT : 872.24, Line : 4)

```
>FQDSELJKT/ATG/R,NUC
AB  AF  AI  AY  AZ  BA  BD  BR  CA    TAX NOT INCLUDE
CI  CX  CZ  DE  EK  EY  GF  HU  HY    SURCHG MAY APLLY-CK RULE
IT  JL  KE  KL  LA  LH  LO  LT  LX
MH  MU  NH  NW  NZ  OK  OS  OZ  PK
QF  QR  RJ  SK  SN  SQ  SU  SV  TG
TK  UA  UL  VA  VN  VS  WY  9W / YY*
E6  FD  FR  GI  GX  G5  JD  KE  LH
LL  LQ  OZ  QH  QZ  RB  RY  R3  R8
ROE 1087.884 UP TO 100.00 KRW
03FEB19**03FEB19/TG SELJKT/NSP;EH/TPM  3281/MPM  3937
LN FARE BASIS    OW    NUC  RT      B  PEN   DATES/DAYS    AP  MIN  MAX   R
01 YHPX15                  1113.94 +  P10   S01FEB 28FEB   +    3+   15   M
02 YHEE1M                  1368.22 +  -     S01FEB 28FEB   -    3+   1M   M
03 Y                       1585.82 +  -     -      -       -    -    -    M
04 Y            872.24             +  -     -      -       -    -    -    M
05 C                       2362.28 +  -     -      -       -    -    -    M
06 C          1299.33              +  -     -      -       -    -    -    M
07 F                       2835.22 +  -     -      -       -    -    -    M
08 F          1559.46              +  -     -      -       -    -    -    M
```

④ HIP CHECK를 실시한다.

출발지와 도중체류지점	SELJKT (TG)	696.48
도중체류지점과 목적지	BKKJKT (TG)	1056.70
도중체류지점과 도중체류지점	해당 없음	

☞ HIP CHECK 지점 중 가장 높은 지점(운임)이 HIP 지점이다.

⑤ 출발지에서 목적지까지의 운임과 HIP 지점 운임비교 : 중간지점에 높은 운임이 존재하여 HIP 발생

목적지점	SELBKK (TG)	872.24
HIP 발생지점	BKKJKT (TG)	1056.70

⑥ 초과거리할증(EMS)이 적용된 경우, 해당 운임 마디에 적용운임을 할증한다.

할증	0M
HIP 지점	BKKJKT
HIP 지점 운임	1056.70

☞ Total NUC를 구하고, 이를 출발지국 통화로 변환한다.

```
      SEL
   X/ TPE     M
      BKK  BKKJKT
      JKT   1056.70
  ______________________
      NUC 1056.70
      KRW 1152600
```

☞ 동일 여정이라도 Stop-over 지점 유무에 따라 계산결과가 달라질 수 있다.

예) SEL - (TG) TPE - (TG) BKK - (TG) JKT를 계산하라.

① 여정 분석 : OW/EH

② Mileage Check 실시(할증률 : 0M)

```
>FQMSELTPEBKKJKT
CTY   DC   TPM   CUM   MPM  DC  LVL  (HGL  ) LWL   25M  XTRA
SEL 3
TPE 3 EH   914   914  1096  EH   0M   182     0  1370    0
BKK 3 EH  1555  2469  2743  EH   0M   274     0  3428    0
JKT 3 EH  1444  3913  3937  EH   0M    24     0  4921    0
```

③ 출발지(SEL)에서 목적지(JKT)까지의 운임조회(SELJKT : 872.24, Line : 4)

```
>FQDSELJKT/ATG/R,NUC
AF  AI  AY  AZ  BA  BD  BR  CA        TAX NOT INCLUDE
CI  CX  CZ  DE  EK  EY  GF  HU  HY    SURCHG MAY APLLY-CK RULE
IT  JL  KE  AB  KL  LA  LH  LO  LT  LX
MH  MU  NH  NW  NZ  OK  OS  OZ  PK
QF  QR  RJ  SK  SN  SQ  SU  SV  TG
TK  UA  UL  VA  VN  VS  WY  9W / YY*
E6  FD  FR  GI  GX  G5  JD  KE  LH
LL  LQ  OZ  QH  QZ  RB  RY  R3  R8
ROE 1056.772 UP TO 100.00 KRW
03FEB19**03FEB19/TG SELJKT/NSP;EH/TPM  3281/MPM  3937
LN FARE BASIS    OW   NUC    RT      B  PEN   DATES/DAYS     AP  MIN  MAX  R
01 YHPX15                  1113.94 + P10   S01FEB 28FEB   +  3+   15   M
02 YHEE1M                  1368.22 + -     S01FEB 28FEB   -  3+   1M   M
03 Y                       1515.86 + -     -      -       -  -    -    M
04 Y            872.24             + -     -      -       -  -    -    M
05 C                       2362.28 + -     -      -       -  -    -    M
06 C           1299.33             + -     -      -       -  -    -    M
07 F                       2835.22 + -     -      -       -  -    -    M
08 F           1559.46             + -     -      -       -  -    -    M
```

④ HIP CHECK를 실시한다.

구분	구간	운임
출발지와 도중체류지점	SELTPE (TG) SELBKK (TG)	316.85 696.48
도중체류지점과 도중체류지점	TPEBKK (TG)	734.33
도중체류지점과 목적지	TPEJKT (TG) BKKJKT (TG)	1186.94 1056.70

⑤ 출발지에서 목적지까지의 운임과 HIP 지점 운임비교 : 중간지점에 높은 운임이 존재하여 HIP 발생

구분	구간	운임
출발지와 목적지점	SELJKT (TG)	872.24
HIP 발생지점	TPEJKT (TG)	1186.94

⑥ 초과거리할증(EMS)이 적용된 경우, 해당 운임 마디에 적용운임을 할증한다.

할 증	0M
HIP지점	TPEJKT
HIP지점 운임	1186.94

☞ Total NUC를 구하고, 이를 출발지국 통화로 변환한다.

```
SEL
TPE     M
BKK   TPEJKT
JKT    1186.94
-----------------
NUC   1186.94
KRW  1291300
```

예) SEL – (SQ) SIN – (SQ) X/PAR – (BA) LON(할증 및 HIP 발생)

① 여정 분석 : OW/EH

② Mileage Check 실시(할증률 : 10M)

```
>FQMSELSINPARLON

CTY    DC    TPM    CUM    MPM   DC   LVL    (HGL  ) LWL    25M   XTRA
SEL 3
SIN 3  EH   2883   2883   3459   EH   0M      576      0   4323     0
PAR 2  EH   6659   9542   8684   EH 10M       10    424  10855     0
LON 2  EH    214   9756   8914   EH 10M       49    397  11142     0
```

③ 출발지(SEL)에서 목적지(LON)까지의 운임조회(SELLON : 2084.41, Line : 10)

```
>FQDSELLON/R,NUC/ASQ
AF  AI  AY  AZ  BA  BD  BR  CA        TAX NOT INCLUDE
CI  CX  CZ  DE  EK  EY  GF  HU  HY    SURCHG MAY APLLY-CK RULE
IT  JL  KE  AB  KL  LA  LH  LO  LT  LX
MH  MU  NH  NW  NZ  OK  OS  OZ  PK
```

```
QF  QR  RJ  SK  SN  SQ  SU  SV  TG
TK  UA  UL  VA  VN  VS  WY  9W / YY*
E6  FD  FR  GI  GX  G5  JD  KE  LH
LL  LQ  OZ  QH  QZ  RB  RY  R3  R8
ROE 1056.772 UP TO 100.00 KRW
03FEB19**03FEB19/SQ SELLON/NSP;TS/TPM  5646/MPM  8366
LN FARE BASIS    OW    NUC  RT      B  PEN  DATES/DAYS   AP MIN MAX R
01 YEEIF6M                 2397.30 +  -    -     -     -  5+  6M  M
02 YIF                     3371.10 +  -    -     -     -  -   -   M
03 YIF           2191.29           +  -    -     -     -  -   -   M
04 CIF                     6835.90 +  -    -     -     -  -   -   M
05 CIF           4443.34           +  -    -     -     -  -   -   M
06 FIF                     9709.84 +  -    -     -     -  -   -   M
07 FIF           6311.48           +  -    -     -     -  -   -   M

03FEB19**03FEB19/SQ SELLON/NSP;EH/TPM ...../MPM  8914
08 YEEIF6M                 2941.02 +  -    -     -     -  5+  6M  M
09 YIF                     3206.08 +  -    -     -     -  -   -   M
10 YIF           2084.41           +  -    -     -     -  -   -   M
11 CIF                     6518.56 +  -    -     -     -  -   -   M
12 CIF           4367.07           +  -    -     -     -  -   -   M
13 FIF                     9523.04 +  -    -     -     -  -   -   M
14 FIF           6190.07           +  -    -     -     -  -   -   M
```

④ HIP CHECK를 실시한다.

출발지와 도중체류지점	SELSIN (SQ)	764.78
도중체류지점과 도중체류지점	X	X
도중체류지점과 목적지	SINLON (SQ)	5380.36

⑤ 출발지에서 목적지까지의 운임과 HIP 지점 운임비교 : 중간지점에 높은 운임이 존재하여 HIP 발생

출발지와 목적지점	SELLLON (SQ)	2084.41
HIP발생지점	SINLON (SQ)	5380.36

⑥ 초과거리할증(EMS)이 적용된 경우, 해당 운임 마디에 적용운임을 할증한다.

할 증	10M
HIP지점	SINLON
HIP지점 운임	5380.36 x 1.10 = 5588.39

☞ Total NUC를 구하고, 이를 출발지국 통화로 변환한다.

```
   SEL
   SIN     10M
 X/PAR   SINLON
   LON   5588.39
 ______________
   NUC   5588.39
   KRW  6079600
```

예) SEL – (CX) HKG – (CX) SIN –(BA) LON(HIP, 할증, HKG-Q 발생)

① 여정 분석 : OW/EH

② Mileage Check 실시(할증률 : 10M)

```
>FQMSELHKGSINLON

CTY   DC   TPM   CUM  MPM   DC   LVL   (HGL  ) LWL    25M   XTRA
SEL 3
HKG 3  EH  1295  1295 1554  EH    0M    259     0   1942     0
SIN 3  EH  1594  2889 3459  EH    0M    570     0   4323     0
LON 2  EH  6742  9631 8914  EH   10M    174   272  11142     0
```

③ 출발지(SEL)에서 목적지(LON)까지의 운임조회(SELLON : 2084.41, Line : 10)

```
>FQDSELLON/R,NUC/ABA
AF  AI  AY  AZ  BA  BD  BR  CA       TAX NOT INCLUDE
CI  CX  CZ  DE  EK  EY  GF  HU  HY   SURCHG MAY APLLY-CK RULE
IT  JL  KE  AB  KL  LA  LH  LO  LT  LX
MH  MU  NH  NW  NZ  OK  OS  OZ  PK
QF  QR  RJ  SK  SN  SQ  SU  SV  TG
```

```
TK  UA  UL  VA  VN  VS  WY  9W /  YY*
E6  FD  FR  GI  GX  G5  JD  KE  LH
LL  LQ  OZ  QH  QZ  RB  RY  R3  R8
ROE 1056.772 UP TO 100.00 KRW
03FEB19**03FEB19/BA SELLON/NSP;TS/TPM  5646/MPM  8366
LN FARE BASIS     OW    NUC  RT         B  PEN  DATES/DAYS   AP MIN MAX  R
01 YEEIF6M                  2397.30 +  -    -     -      -  5+   6M   M
02 YIF                      3371.10 +  -    -     -      -   -    -   M
03 YIF           2191.29            +  -    -     -      -   -    -   M
04 CIF                      6835.90 +  -    -     -      -   -    -   M
05 CIF           4443.34            +  -    -     -      -   -    -   M
06 FIF                      9709.84 +  -    -     -      -   -    -   M
07 FIF           6311.48            +  -    -     -      -   -    -   M

03FEB19**03FEB19/BA SELLON/NSP;EH/TPM ...../MPM  8914
08 YEEIF6M                  2941.02 +  -    -     -      -  5+   6M   M
09 YIF                      3206.08 +  -    -     -      -   -    -   M
10 YIF           2084.41            +  -    -     -      -   -    -   M
11 CIF                      6518.56 +  -    -     -      -   -    -   M
12 CIF           4367.07            +  -    -     -      -   -    -   M
13 FIF                      9523.04 +  -    -     -      -   -    -   M
14 FIF           6190.07            +  -    -     -      -   -    -   M
```

④ HIP CHECK를 실시한다.

구분	구간	운임
출발지와 도중체류지점	SELHKG (CX) SELSIN (CX)	477.62 764.78
도중체류지점과 도중체류지점	HKGSIN (CX)	881.88
도중체류지점과 목적지	HKGLON (BA) SINLON (BA)	2840.33 5380.36

⑤ 출발지에서 목적지까지의 운임과 HIP 지점 운임비교 : 중간지점에 높은 운임이 존재하여 HIP 발생

구분	구간	운임
출발지와 목적지점	SELLON (BA)	2084.41
HIP발생지점	SINLON (BA)	5380.36

⑥ 초과거리할증(EMS)이 적용된 경우, 해당 운임 마디에 적용운임을 할증한다.

할 증	10M
HIP지점	SINLON
HIP지점 운임	5380.36 × 1.10 = 5588.39

☞ Total NUC를 구하고, 이를 출발지국 통화로 변환한다.

```
SEL
HKG     10M
SIN   SINLON
LON  - 5588.39
_____________________
HKG
SIN   Q   4.23
_____________________
NUC    5592.59
KRW  6084100
```

연습문제

1. SEL - (TG) BKK - (TK) IST - (TK) CAI

2. SEL - (KE)SIN -(BA) LON – (BA) MAN

3. SEL - (AZ) ROM - (AZ) PSA - (AZ) PAR

2) 일주 최저운임(Circle Trip Minimum : CTM)

< A 승객 >

```
SEL
LON      M
MAN      SELMAN
PAR -    1717.21
SEL      1589.69
_______________________
NUC      3306.90
```

< B 승객 >

```
SEL         M
MAN  -   1717.21
SEL      1717.21
_______________________
NUC      3434.42
```

위의 예에서 보면, 일주여정의 계산결과가 단순 왕복여정의 계산 결과보다 낮은 경우가 발생 되었다. 이처럼 일주여정 전체 운임의 합이 단순한 왕복여정의 운임보다 낮아지는 결과 산출을 방지하기 위해 (1) 출발지와 관련하여 (2) HIP운임이 적용된 일주여정에 대하여는 반드시 일주최저 운임체크를 반드시 실시해야 하는 보완규정을 적용해야 한다. 일주최저운임(CTM)이란 승객의 여정 중 출발지부터 도중체류지점까지 직행왕복운임 중 가장 높은 운임으로, 계산된 일주여정의 전체 운임의 합은 일주최저운임(CTM) 지점의 왕복운임보다 낮아서는 안 된다는 보완규정이다.

(1) CTM CHECK 방법

가) CTM CHECK 대상

HIP Check이후 계산된 전체 운임결과를 보고, 여정의 종류가 일주여정인지 판단한다.

나) CTM CHEC 계산

전체 여정 중 출발지- 도중체류지점까지 왕복운임을 조회 한 후, 그 중 가장 높은 운임을 찾는다.

(2) CTM 운임 계산방법

예) SEL - LON - MAN - PAR - SEL(F/B : LON)

■ 첫 번째 마디 : SELLON

① 여정 분석 : 1/2 RT, TS

② 출발지(SEL) - 목적지(LON) 직항이므로 따로 Mileage Check를 실시하지 않는다.

③ 운임 마디별 출발지(SEL) - 목적지(LON) 1/2RT 운임조회

```
>FQDSELLON/IH/R,NUC/AYY
AF  AI  AY  AZ  BA  BD  BR  CA        TAX NOT INCLUDE
CI  CX  CZ  DE  EK  EY  GF  HU  HY     SURCHG MAY APLLY-CK RULE
IT  JL  KE  AB  KL  LA  LH  LO  LT  LX
MH  MU  NH  NW  NZ  OK  OS  OZ  PK
QF  QR  RJ  SK  SN  SQ  SU  SV  TG
TK  UA  UL  VA  VN  VS  WY  9W / YY*
E6  FD  FR  GI  GX  G5  JD  KE  LH
LL  LQ  OZ  QH  QZ  RB  RY  R3  R8
ROE 1056.772 UP TO 100.00 KRW
03FEB14**03FEB14/YY SELLON/NSP;TS/TPM  5646/MPM  8366
LN FARE BASIS    OW   NUC  RT       B PEN  DATES/DAYS   AP MIN MAX  R
01 YEEIF6M                 1198.65 +  -     -      -      -  5+  6M  M
02 YIF                     1637.35 +  -     -      -      -  -   -   M
03 CIF                     3417.93 +  -     -      -      -  -   -   M
04 FIF                     4854.92 +  -     -      -      -  -   -   M
```

■ 두 번째 마디 : SELPARMANLON

① 여정 분석 : 1/2 RT, TS

② Mileage Check 실시

```
>FQMSELPARMANLON

CTY    DC   TPM    CUM    MPM   DC  LVL   (HGL  ) LWL   25M   XTRA
SEL 3
PAR 2  TS   5626   5626  8342   TS   0M     2716   0  10427     0
MAN 2  EH    370   5996  8413   TS   0M     2417   0  10516     0
LON 2  EH    157   6153  8366   TS   0M     2213   0  10457     0
```

③ 운임 마디별 출발지(SEL)-목적지(LON) 1/2RT운임(1/2RT = 1637.35, Line : 2)

```
>FQDSELLON/IH/R,NUC/AYY
AF  AI  AY  AZ  BA  BD  BR  CA        TAX NOT INCLUDE
CI  CX  CZ  DE  EK  EY  GF  HU  HY    SURCHG MAY APLLY-CK RULE
IT  JL  KE  AB  KL  LA  LH  LO  LT  LX
MH  MU  NH  NW  NZ  OK  OS  OZ  PK
QF  QR  RJ  SK  SN  SQ  SU  SV  TG
TK  UA  UL  VA  VN  VS  WY  9W / YY*
E6  FD  FR  GI  GX  G5  JD  KE  LH
LL  LQ  OZ  QH  QZ  RB  RY  R3  R8
ROE 1056.772 UP TO 100.00 KRW
03FEB14**03FEB14/YY SELLON/NSP;TS/TPM  5646/MPM  8366
LN FARE BASIS    OW   NUC  RT      B PEN  DATES/DAYS   AP MIN MAX  R
01 YEEIF6M                1198.65 + -     -     -      -  5+  6M   M
02 YIF                    1637.35 + -     -     -      -  -   -    M
03 CIF                    3417.93 + -     -     -      -  -   -    M
04 FIF                    4854.92 + -     -     -      -  -   -    M
```

④ HIP CHECK를 실시한다.

구분	구간	운임
출발지와 도중체류지점	SELPAR	1638.04
	SELMAN	1762.50
도중체류지점과 도중체류지점	PARMAN	679.20
도중체류지점과 목적지	PARLON	603.59
	MANLON	X(국내선)

⑤ 초과거리할증(EMS)이 적용된 경우, 해당 운임 마디에 적용운임을 할증한다.

할증	0M
HIP지점	SELMAN
HIP지점 운임	1762.50

☞

```
SEL     M
LON - 1637.35
MAN     M
PAR   SELMAN
SEL   1762.50
-------------
      3399.85
```

여정 종류	CT
HIP 발생지점	출발지 - 도중체류지
보완규정	CTM

⑥ 여정종류가 CT이며 출발지에서 HIP이 발생된 경우이므로 반드시 CTM CHECK 실시

	구간	운임(RT)
CTM지점 (출발지–도중체류)	SELPAR	3276.08
	SELMAN	3525.00

☞ 출발지 - 도중체류지점까지 직행왕복 운임을 확인하고, 그 중 가장 높은 지점 운임을 CTM 지점으로 선정하여 일주 운임과 CTM 지점 운임을 비교한다.

비교	운임
일주여정 계산결과	3399.85(CT)
일주최저운임(CTM) 결과	3525.00(MAN/RT)

☞ 1) 일주여정의 계산결과가 높은 경우 계산된 운임을 그대로 반영

2) CTM 지점이 높은 경우 일주여정 운임에 차액을 추가(PLUS)하여 CTM 운임과 동일 수준으로 상향징수

3) 운임표기 시 일주최저운임이 발생한 두 도시를 표기하여 CTM이 적용됨을 표시

```
SEL      M
LON - 1637.35
MAN      M
PAR    SELMAN
SEL    1762.50
_____________________________________
         SELMAN      ______ CTM 발생지점
       P 125.15      ______ CTM 추가차액
_____________________________________
NUC    3525.00
```

FROM/TO		
SEL	CARR	FARE CALC
LON	YY	1637.35
MAN	YY	M
PAR	YY	SELMAN
SEL	YY	1762.50
		________
		SELMAN
	P	125.15
TTL FARE CAL	NUC	3525.00
FARE	KRW	3834800
TOTAL		

연습문제

1. SEL - (KE) PAR -(AZ) PSA -(AZ) ROM – (KE) SEL (F/B : PAR)

2. SEL - (CX) HKG - (CX) BAH - (EK) DXB – (EK) SEL (F/B: DXB)

3. SEL - (AF) PAR -(AF) EDI - (AF)LON – (AF) SEL (F/B: LON)

5 ROUTING SYSTEM

1) ROUTING SYSTEM의 개요

① Routing System은 출발지와 목적지 간의 운임과 여정(Routing)이 함께 공시가 되어 승객의 여정이 이에 부합될 경우 별도의 운임계산 없이 운임을 그대로 징수하는 운임계산 방법이다.

② Routing System은 경유도시뿐만 아니라 항공사, 예약등급 등도 함께 공시되기 때문에 Routing을 적용 할 경우 이와 같은 제한 조건을 모두 준수하여야 한다.

③ Routing System은 다음과 같은 이유로 적용된다.

- 해당구간의 항공편 연결 등의 사유로 특정 경유지가 자주 사용되는 경우
- 항공사의 불리한 노선으로 승객 여정에 대한 Mileage System운임이 높을 경우
- 타 항공사와의 정산관계상 특정 경유 및 항공사 이용조건 설정이 필요한 경우

(1) Routing 기본 운임조회

```
>FQDSELAKL/AKE/IX
AB  AF  AY  AZ  BA  BD  BR  CA        TAX NOT INCLUDE
CI  CX  CZ  DE  EK  EY  GF  HU  HY    SURCHG MAY APLLY-CK RULE
IT  JL  KE  AB  KL  LA  LH  LO  LT  LX
MH  MU  NH  NW  NZ  OK  OS  OZ  PK
QF  QR  RJ  SK  SN  SQ  SU  SV  TG
TK  UA  UL  VA  VN  VS  WY  9W / YY*
E6  FD  FR  GI  GX  G5  JD  KE  LH
LL  LQ  OZ  QH  QZ  RB  RY  R3  R8
3FEB19**03FEB19/KE SELPRG/NSP;TS/TPM  5134/MPM  7752
LN FARE BASIS    OW   KRW  RT    B   PEN  DATES/DAYS    AP MIN  MAX  R
01 EHEKZ                1700000 E+ S13DEC  08FEB        +  -   12M  R
02 HHEKZ                1900000 H+ S13DEC  08FEB        -  -   12M  R
03 MHEKZ                1989700 M+ S13DEC  08FEB        -  -   12M  R
04 BHEKZ                2089300 B+ S13DEC  08FEB        -  -   12M  R
05 MSDRTKE              2500000 M- -       -            -  -   12M  R
06 MSDOWKE              1375000 M- -       -            -  -   -    R
07 YEEKZ                2900000 Y- -       -            -  -   12M  R
```

(2) Routing 조회

```
>FQR1
AB  AF  AY  AZ  BA  BD  BR  CA        TAX NOT INCLUDE
CI  CX  CZ  DE  EK  EY  GF  HU  HY    SURCHG MAY APLLY-CK RULE
IT  JL  KE  AB  KL  LA  LH  LO  LT  LX
MH  MU  NH  NW  NZ  OK  OS  OZ  PK
QF  QR  RJ  SK  SN  SQ  SU  SV  TG
TK  UA  UL  VA  VN  VS  WY  9W / YY*
E6  FD  FR  GI  GX  G5  JD  KE  LH
LL  LQ  OZ  QH  QZ  RB  RY  R3  R8
ROE 1056.772 UP TO 100.00 KRW
03FEB19**03FEB19/KE SELAKL/NSP;EH/TPM  5998/MPM  7197
LN FARE BASIS    OW   KRW  RT  B PEN  DATES/DAYS    AP MIN MAX  R
01 EHEKZ               1700000 E  +  S13DEC  08FEB   +   -  12M  R
ADDON         SPECIFIED  KE6500  ADDON         EFF13JAN14
  1 * SEL-NAN-NZ/FJ-AKL
  2 * SEL-NOU-SB/NZ-AKL
  3 * SEL-SYD-QF/NZ/EK/LA/CI/VA-AKL
  4 * SEL-BNE-QF/EK/NZ/CI/VA-AKL
  5 * SEL-AKL
```

① Routing 정보에서 Dash(-)는 “and”으로, Slash(/)는 “or”로 적용

② 도시 사이에 항공사 표시가 없는 경우, 해당 운임을 가지고 있는 항공사를 이용

2) ROUTING SYSTEM 적용 방법

① 출발지에서 목적지간 Routing Fare 공시 여부를 확인한다.

② Route Map을 확인하여 승객의 여정이 Route Map에 부합되는지 확인한다.

③ 해당항공사의 Booking Class를 확인한다.

④ 위 조건을 모두 충족하는 경우 출발지에서 목적지간 운임을 그대로 적용한다.

① 출발지(SEL)-목적지(SYD)까지 Routing FARE 공시여부를 확인한다.

```
>FQDSELSYD/AKE/IX
AB  AF  AY  AZ  BA  BD  BR  CA        TAX NOT INCLUDE
CI  CX  CZ  DE  EK  EY  GF  HU  HY    SURCHG MAY APLLY-CK RULE
IT  JL  KE  AB  KL  LA  LH  LO  LT  LX
MH  MU  NH  NW NZ  OK  OS  OZ  PK
QF  QR  RJ  SK  SN  SQ  SU  SV  TG
TK  UA  UL  VA  VN  VS  WY  9W  /  YY*
E6  FD  FR  GI  GX  G5  JD  KE  LH
LL  LQ  OZ  QH  QZ  RB  RY  R3  R8
3FEB19**03FEB19/KE SELSYD/NSP;EH/TPM  5184/MPM  6220
LN FARE BASIS    OW    KRW  RT    B PEN  DATES/DAYS    AP  MIN  MAX    R
01 EHEKZ                 1550000 E +  S13DEC 08FEB     +   -   12M    R
02 HHEKZ                 1750000 H +  S13DEC 08FEB     -   -   12M    R
03 MHEKZ                 1873100 M +  S13DEC 08FEB     -   -   12M    R
04 BHEKZ                 1966800 B +  S13DEC 08FEB     -   -   12M    R
05 MSDRTKE               2360700 M -        -   -+     -   -   12M    R
06 MSDOWKE    1300000            M -        -   -+     -   -   -      R
07 YEEKZ                 2800000 Y -        -   -      -   -   12M    R
08 BHOWKZ     1476000            B +  S13DEC 08FEB     -   -   -      R
09 YRT                   3472500 Y -        -   -      -   -   -      M
10 IBIZKR                3533900 I +        -   -+     7   -   6M+    R
11 YOW        1909900            Y -        -   -      -   -   -      M
12 CRT                   4005000 C -        -   -      -   -   -      M
13 JRT                   4405500 J -        -   -      -   -   -      M
14 COW        2202800            C -        -   -      -   -   -      M
15 JOW        2423100            J -        -   -      -   -   -      M
16 FRT                   5569300 F -  -       -        -   -   -      M
```

② Route Map을 확인하여 승객의 여정이 Route Map에 부합되는지 확인한다.

```
>FQR3
AB  AF  AY  AZ  BA  BD  BR  CA        TAX NOT INCLUDE
CI  CX  CZ  DE  EK  EY  GF  HU  HY    SURCHG MAY APLLY-CK RULE
IT  JL  KE  AB  KL  LA  LH  LO  LT  LX
MH  MU  NH  NW  NZ  OK  OS  OZ  PK
QF  QR  RJ  SK  SN  SQ  SU  SV  TG
```

```
TK  UA  UL  VA  VN  VS  WY  9W / YY*
E6  FD  FR  GI  GX  G5  JD  KE  LH
LL  LQ  OZ  QH  QZ  RB  RY  R3  R8
ROE 1056.772 UP TO 100.00 KRW
03FEB19**03FEB19/KE SELSYD/NSP;EH/TPM  5184/MPM  6220
LN FARE BASIS    OW   KRW  RT    B PEN  DATES/DAYS   AP MIN MAX R
03 MHEKZ               1873100  M  +   S13DEC 08FEB  -  -   12M R
ADDON         SPECIFIED  KE6500  ADDON          EFF13JAN14
  1 * SEL-SYD
  2 * SEL-BNE-QF/VA-SYD
  3 * SEL-NAN-FJ/VA-SYD
  4 * SEL-NOU-QF/SB-SYD
```

③ FQP를 이용, 이원구간(BNE-SYD) 항공사(QF)를 적용하여 운임을 계산한다.

```
>FQPSEL/AKEBNE/AQFSYD/AVABNE/AKESEL

FQPSEL/AKEBNE/AQFSYD/AVABNE/AKESEL

 * FARE BASIS *  DISC     *  PTC       * FARE<KRW>  * MSG  *T
01 RRT+PRT     *          * 1          *   6723500  *RB    *Y
02 PRT         *          * 1          *   6305800  *RB    *Y
03 FRT         *          * 1          *   5748800  *RB    *Y
04 JRT         *          * 1          *   4585000  *RB    *Y
05 CRT         *          * 1          *   4184500  *RB    *Y
06 YRT         *          * 1          *   3652000  *RB    *Y
07 EKEKZ1      *          * 1          *   1829500  *RB    *Y
*7*RESTRICTIONS MAY APPLY/CHECK FQN
*7*TICKET STOCK RESTRICTION

>FQQ7

07 EKEKZ1      *         * 1         *   1829500  *RB    *Y

LAST      TKT      DTE      19AUG17      -      DATE      OF      ORIGIN
---------------------------------------------------------------------------
AL   FLGT     BK     DATE     TIME      FARE   BASIS      NVB      NVA      BG
 SEL
 BNE KE       E    19AUG        EKEKZ1                19AUG 1P
 SYD QF       O                 EKEKZ1                19AUG 30
 BNE VA       V                 EKEKZ1                19AUG 1P
 SEL KE       E                EKEKZ1                19AUG 1P
```

```
KRW    1650000        19AUG17SEL  KE  BNE  QF  SYD735.24VA  BNE  KE
            SEL735.24NUC1470.48END                   ROE1122.082000
KRW       28000BP       XT  KRW  7300QR  KRW  51800WY  KRW  54200AU  KRW
KRW        6700QR        4100QR  KRW  11300QR  KRW  13200WG  KRW  2900WG
KRW   144800XT
KRW   1829500
BAG/SEAT/SERVICES   AT   A   CHARGE   MAY   BE   AVAILABLE-ENTER   FXK
TICKET STOCK RESTRICTION
```

Chapter 4

항공운임의 적용

국제선 항공운임은 여행기간, 여행조건 등에 따라 정상운임(Normal Fare)과 특별운임(Special Fare)으로 크게 구분되며 항공사의 판매정책에 따라 판촉운임(Promotional Fare)과 승객의 나이나 신분으로 할인이 제공되는 할인운임(Discounted Fare)으로 세분화되고 있다.

1 정상운임(Normal Fare)

예약변경, 여정변경, 항공사변경, 도중체류 횟수 등에 원칙적으로 제한이 없는 운임이다. 그러나 YO2, Y2와 같은 Secondary Fare인 경우는 도중 체류의 제한이 있을 수 있다.

기본적으로 YO2, Y2 이상의 Fare를 의미하며(P, F, J, C, Y…) 이 운임을 적용받은 항공권은 첫 구간의 경우 발행일로부터 1년, 나머지 구간은 여행개시일로부터 1년의 유효기간을 가진다.

<Y/Class 탑승, 3개월 체류>

SEL
BKK -
SEL

<Y/Class 탑승, 1개월 체류>

SEL
TYO -
SEL

2 특별운임(Special Fare)

승객의 다양한 여행 형태를 적용하여 항공사의 판매촉진 및 경쟁력 강화를 목적으로 개발된 운임이다. 운임수준이 정상운임에 비해 저렴하기 때문에 여행기간, 여행조건 등의 제한규정을 반드시 체크하여야 한다.

기간제한	- 최소 체류기간(Minimum Stay) - 최대 체류기간(Maximum Stay)
여행소건 세한	- 예약 및 발권 - 사전 구입 조건 - Stopover 및 Transfer 허용여부 및 가능 횟수 - 예약 및 여정 변경가능 여부 - 환불 제한사항 - 기타

■ SPECIAL FARE 적용 시 RULE CHECK 사항

① 적용 여정

② 예약 및 발권

③ 사전구입조건

④ MIN/MAX

⑤ STOPOVER

⑥ TRANSFER

⑦ TRANSFER

⑧ 기타

예제) Y CLS, 체류기간 5일 (CX항공 이용)

SEL

HKG -

SEL

① 출발지(SEL) - 목적지(HKG)까지 CX항공으로 운임조회 후 여정에 맞는 운임선택(5일 체류)

```
>FQDSELHKG/R,NUC/ACX
ROE 1056.772 UP TO 100.00 KRW
03FEB19**03FEB19/CX SELHKG/NSP;EH/TPM  1295/MPM  1554
** ONEWORLD VISIT ASIA - SEE FARE NOTE FQNCX/0200**
** ONEWORLD YOKOSO/VISIT JAPAN - SEE FARE NOTE FQNCX/0300**
** ONEWORLD YOKOSO/VISIT TOHOKU SEE FARE NOTE FQNCX/0400**
LN FARE BASIS    OW      NUC    RT   B  PEN  DATES/DAYS   AP  MIN   MAX  R
01 YSC25     335.19             Y    -   -    -      -     -   -         M
02 YSD25     335.19             Y    -   -    -      -     -  12M     +  M
03 YSD25               670.38   Y    -   -    -      -     -  12M     +  M
04 HHPX15A             680.94   H    +   S26NOV   28FEB    +   2+   15+  M
05 BHEE1M1             839.14   B    +   S26NOV   28FEB    -   3+   1M+  M
06 YOW3      446.92             Y    -   -    -      -     -  12M     +  M
07 YRT3                893.84   Y    -   -    -      -     -  12M     +  M
08 WRT3               1012.80   W    -   -    -      -     -  12M     +  M
09 WOW3      557.07             W    -   -    -      -     -  12M     +  M
10 JRT3               1446.66   J    -   -    -      -     -  12M     +  M
11 JOW3      868.02             J    -   -    -      -     -  12M     +  M
12 FRT3               1821.66   F    -   -    -      -     -  12M     +  M
13 FOW3     1093.04             F    -   -    -      -     -  12M     +  M
```

② SPECIAL FARE 적용을 위한 승객 여정분석

승객 체류일	5일
적용운임	HHPX15A
사전구입조건	제한 없음
MIN/MAX	3D/15D
STOPOVER	2회 허용(1회당 KRW 50,000 징수)
TRANSFER	제한 없음
기타	특이사항 없음

③ 운임적용

```
(HHPX15A 적용)
SEL
HKG - 340.47
SEL - 340.47
--------------------
HKG
SEL  Q 4.23
--------------------
NUC  685.17
```

④ CX 항공 SEL-HKG 구간 YLPX15A 판매가(MSP) 체크

연습문제

1. 다음 여정을 보고 주어진 조건에 따라 저렴한 운임을 산출하라.

(CA/ Y Class 탑승/ 20일 체류)
SEL SHA - SEL
(JL/ Y Class 탑승/ 3일 체류)
SEL OSA - SEL

3 할인운임(Discounted Fare)

승객의 나이나 신분에 따라 할인이 제공되는 운임으로 특별한 규정이 없는 경우 유효기간, 도중체류 횟수 등의 규정은 다음과 같이 일반 규정이 적용된다. 할인운임 적용 시 운임적용은 각 항공사마다 규정이 다르므로 반드시 해당 항공사의 규정을 준수해야 한다.

1) 유아 운임(Infant Fare : IN)

- 적용대상 : 최초 여행일 기준 만 2세 미만의 좌석 비점유 승객

☞ 최소 나이는 항공사마다 자체 규정이 다르기 때문에 항공사 확인이 필요하다.

- 운임수준 : 성인운임의 10% 적용하며, 국내선 구간의 경우 국가마다 규정이 다르므로 확인이 필요하다. (한국/USA/CANADA 국내선 구간의 운임은 무료임)

- 무료 수하물 : 항공사마다 규정이 상이하므로 확인 필요

☞ 항공권에는 반드시 생년월일(DOB)과 동반보호자의 항공권 번호를 기재한다.

2) 소아 운임(Child Fare : CH)

- 적용대상 : 최초여행일 기준, 만 2세 이상 만 12세 미만의 성인보호자가 동반하는 승객
- 운임수준 : 한국출발의 경우 성인운임(판매가)의 75% 적용
- 무료수하물 : 성인과 동일
- 발행 항공권상에 반드시 생년월일(DOB)과 동반보호자의 항공권 번호를 기재한다.

☞ 참고) 특별운임을 기준으로 한 CH/IN Fare는 할인 불가한 경우가 있으므로 반드시 FQN - Entry를 통해서 확인한 후 사용해야 함

비 동반 소아 운임(Unaccompanied Minor : UM)

- 대상 : 출발일 기준 만 5세 이상 만 12세 미만의 성인 보호자 없이 혼자 여행하는 승객 또는, Cabin Class가 성인 승객과 동일하지 않은 경우
- 운임 : 성인 운임과 동일 적용
- 서류 : 운송 신청서 및 서약서(항공사마다 요금 및 관련규정이 상이하므로 확인 필요)

3) 학생 운임(Student Fare : SD)

- 적용대상 : 최초 여행일 기준. 만 12세 이상 만 26세 미만으로 정규기관에 6개월 이상의 교육과정에 등록된 학생(단, 항공사별 Waiver 가능)
- 적용기간 : 학업시작 6개월 전부터 학업종료 후 3개월까지
- 운임수준 : 성인 정상운임의 75%(Y/Class에만 해당)
- 도중체류 : 불가
- 구비서류 : 입학허가서 사본/재학증명서 원본/학생증 및 여권 사본

☞ 참고) MSTO, MSDOW(RT) 운임은 특정 항공사의 USA/CANADA/유럽/대양주 학생, 청소년 대상 Special Fare로서 학생 운임 규정과 상관없이 별도의 규정을 확인해야 한다. (FQN1//SO,EL 등)

4) 단체 인솔자 할인(Tour Conductor : CG)

- 적용대상 : 10명 이상의 단체 승객을 인솔하는 인솔자
- 할인 수혜 인원 및 할인율은 단체 구성원 수에 의해 결정됨.
- 단체 구성원 중 Child 2명은 어른 1명으로 간주함.
- 단체 운임은 항공사 자체 규정에 의해 할인율 및 할인 수혜 인원이 결정됨.

5) 여행사 직원 할인 운임(Agent Discount : AD)

- 적용대상 : 항공사와 대리점 계약을 체결한 대리점 직원 및 그 배우자
- 운임수준 : 본인 25%, 배우자 50%
- 유효기간 : 항공권 발행일로부터 3개월이며 첫 번째 Flight Coupon은 해당 연말까지 사용 완료해야 함.

6) 선원 운임(Ship's Crew Discount Fare : SC)

선원 운임에는 개인선원 운임과 단체선원 운임이 있다. 개인선원 운임 적용 시에는 선원이 승선하는 선박의 국적에 따른 특별규정을 우선 참조하고, 해당 사항이 없을 시 일반규정을 적용한다.

- 적용대상 : 조업과 관련하여 여행하는 선원의 Y/OW 여정
- 운임수준 : 성인 정상운임의 75%(관련 선박회사에서 지불)
- 도중체류 : 불가
- 무료수하물 : 항공사마다 자체규정이 다르게 적용될 수 있기 때문에 해당 항공사의 규정 확인 필요
- 구비서류 : Seaman Certificate, Seaman Book, 선원고용계약서

PART

Ⅱ 발권

Ticketing

Chapter 1
자동운임(Auto Pricing) 계산 기능

1 INFORMATIVE PRICING

자동운임 계산 기능 Informative Pricing(FQP)이란 완성된 PNR 없이 여정만으로 운임을 산출하는 기능이다.

FQP를 사용하여 운임을 조회할 경우에는 세부적으로 조회할 수 있는 Option이 포함되지 않으며 운임 산출 조건은 성인 기준, 당일 출발로 조회되며 Class별 높은 운임에서 낮은 운임 순으로 조회된다.

여행사에서는 YY Fares, 항공사의 경우 해당 항공사 운임이 조회되고 모든 도시에 체류하는 것으로 조회된다.

Informative Pricing으로 운임을 조회할 경우에는 도시코드보다 공항코드를 이용하여 운임을 조회하는 것이 정확한 Tax 산출을 위해 바람직하다.

운임은 Group 운임과 Air Pass 운임을 제외하고 과거 3개월 이전부터 미래 12개월 후까지 적용 가능한 운임이 조회된다.

운임의 정보 추정 차원에서 Option을 사용한 다양한 방법으로 운임조회가 가능하다.

1) PNR이 없는 자동운임 계산(FQP)

FQPICNSINICN

Entry	설명
FQP	기본지시어
ICNSINICN	전체 여정

```
FQPICNSINICN

 * FARE BASIS *  DISC    *  PTC       * FARE KRW   * MSG  *T
01 F          *         * 1          *   2691800  *RB    *Y
02 C          *         * 1          *   2252800  *RB    *Y
03 Y          *         * 1          *   1571600  *RB    *Y
04 YLEE1M     *         * 1          *   1223400  *RB    *Y
05 YLPX15     *         * 1          *    999400  *RB    *Y
*5*RESTRICTIONS MAY APPLY/CHECK FQN
                                         PAGE  1/
```

■ 화면 이해

Column	설명
DISC	Discount Code
PTC	Passenger Type
Fare	Fare
MSG	Message Code
T	Tax 포함 여부 Y : Tax Included

2) Fare Pick-Up(FQQ)

FQPICNBKKICN → FQQ3(세 번째 운임조회)

Entry	설명
FQQ	운임선택 기본지시어(가로보기)
3	원하는 운임의 Line No

```
FQQ3

03 Y        *        * 1        *  1571600  *RB    *Y


-----------------------------------------------------
    AL FLGT  BK   DATE  TIME  FARE BASIS     NVB  NVA   BG
```

```
 SEL
 SIN YY      Y    15JUL      Y
 SEL YY      Y               Y

KRW  1512600     15JUL19SEL YY SIN695.20YY SEL695.20NUC
                 1390.40END ROE1087.884000
KRW   28000BP    XT KRW 5600OP KRW 7300OO
KRW   18100SG
KRW   12900XT
KRW  1571600
BG CXR: YY/YY
                                        PAGE  2/ 2
```

FQPICNBKKICN → FQH3

Entry	설명
FQH	운임선택 기본지시어(세로보기)
3	원하는 운임의 Line No.

```
FQH3

 FCP  AL  BK TPM   MPM   EMA  EMS R GI CC  NVB  NVA    BG
 SEL
 SIN  YY  Y  2883  3459          M EH YY
FARE BASIS:Y               AMOUNT IN NUC:         695.20
 SEL  YY  Y  2883  3459          M EH YY
FARE BASIS:Y               AMOUNT IN NUC:         695.20

TOTAL FARE CALCULATION:                          1390.40
ROE: 1087.884000                FARE KRW:        1512600
TAX: BPDP           28000   SGAD          18100
     OPAE            5600   OOSE           7300
TOTAL:                                         1571600
                                            PAGE  2/ 2
*TRN*
```

3) Fare RULE 조회(FQN)

FQPICNSINICN → FQN3

■ 3번 운임조회

Entry	설명
FQN	운임의 Note(Rule)을 보는 기본지시어
3	원하는 운임의 Line No.

■ 3번 운임 중 선택하여 조회

Entry	설명
FQN	운임의 Note(Rule)을 보는 기본지시어
3-1	원하는 운임의 Line No.

FQN3

```
3 - PTC 1 ADT
 FQN 3-1    ADT SELSIN YY  Y
 FQN 3-2    ADT SINSEL YY  Y
                                                                  PAGE  1/ 1

FQN3-1

 3 - PTC 1 ADT                                      RULES DISPLAY
FARE COMPONENT  1   ADT SELSIN YY  Y
FCL: Y         TRF:2008 RULE: T112 BK:  Y
PTC: ADT-ADULT               FTC: EU -ECONOMY UNRESTRICTED
RU.RULE APPLICATION
 NORMAL FARES BETWEEN SOUTH EAST ASIA-EXCEPT MICRONESIA-
 AND JAPAN/KOREA -REP.OF-
 APPLICATION
   AREA
     THESE FARES APPLY
     BETWEEN KOREA(REPUBLIC OF) AND SOUTHEAST ASIA/RUSSIA
    (IN ASIA)
     FROM SOUTHEAST ASIA/RUSSIA(IN ASIA) TO JAPAN.
   CLASS OF SERVICE
     THESE FARES APPLY FOR FIRST/BUSINESS/ECONOMY CLASS
     SERVICE.
   TYPES OF TRANSPORTATION
     THIS RULE GOVERNS ONE WAY AND ROUND TRIP FARES.
                                                                  PAGE  1/ 6
```

4) Option 지정 Pricing

- Information Pricing(FQP) Entry에 정확한 Option의 추가만 이루어진다면 좀 더 명확하고 간결한 운임 계산 내역을 조회할 수 있다.
- Option은 종류에 따라서 여정 중간에 위치하는 경우와 여정의 맨 끝에 위치하는 경우로 나눌 수 있다.
- Option 사용 시 주의사항은 각 구간마다 탑승하는 항공사 지정과 Booking Code를 새롭게 지정하지 않으면 처음 지정한 것으로 모두 조회된다.

FQPICN/D10JAN/AKE/CY/VEHSYD--PAR/D30JAN/AAF/CF/VTSICN/RCH > FQQ1

■ ENTRY 설명

Entry	설명	Entry	설명	Entry	설명
/D10JAN	출발일			/D30JAN	출발일
/AKE	항공사			/AAF	항공사
/CC	Booking CLS	--	Surface 표시	/CY	Booking CLS
/VTS	GI			/VTS	GI
				/RCH	Child

```
FQPICN/D10JAN/AKE/CC/VTSFRA--PAR/D30JAN/AAF/CY/VTSICN/RCH

 * FARE BASIS *  DISC    *  PTC       * FARE KRW   * MSG  *T
01 CXRT+YFF   *  CH      *  1         *   4935100  *      *Y
*1*RESTRICTIONS MAY APPLY/CHECK FQN
                                              PAGE  1/ 1

FQQ1

01 CXRT+YFF   * CH       * 1          *   4935100  *      *Y


------------------------------------------------------------
     AL FLGT  BK   DATE  TIME  FARE BASIS      NVB  NVA   BG
```

```
 SEL
 FRA KE      C    10JAN       CXRT/CH00                2P
 PAR      S U R F A C E
 SEL AF      Y    30JAN       YFF/CH25                 1P

KRW  4673900      10JAN2019SEL KE(TS)FRA Q128.00//PAR M2982.48
                 AF SEL1185.78NUC4296.26END ROE1087.884000
KRW   196100YR    XT KRW 6100IZ KRW 11700FR KRW 19300FR
KRW    28000BP
KRW    37100XT
KRW  4935100
BG CXR: KE/AF
PRICED VC KE - OTHER VC AVAILABLE AF
                                                PAGE  2/ 2
```

■ 자주 사용하는 Option

요청내용	Option	지시어의 위치
특정항공사 지정	/ADL	해당 도시 사이
전구간 같은 항공사 지정	/OLH	Entry의 마지막
특정 날짜 지정	/D20APR	해당 도시 사이
Booking Code 지정	/CF	해당 도시 사이
Fare Break Point 지성	/B	해당 도시 앞
Global Indicator 지정	/VTS	/VTS
할인운임 Code 지정	/RCH	Entry의 마지막
승객 Type Code(PTC) 지정	/RMIL	Entry의 마지막
항공권 발행지 지정	/R,SEL	Entry의 마지막
Stopover Point 지정	-	해당 도시 뒤
Surface Sector 지정	--	해당 도시 사이
Group Fare 지정	/RGV,/RGV-CH	Entry의 마지막
IT Fare 지정	/RIT,/RIT-CH	Entry의 마지막
Lowest Price 지정	/L	Entry의 마지막

■ 기타 Option

요청내용	Option	지시어의 위치
Turnaround Point 지정	/T	해당 도시 앞
거울여정(Mirror Image)	/L	Entry의 마지막
Tax 면제 지정	/R,ET	Entry의 마지막
Tax 제외 지정	/R,WT	Entry의 마지막
Stopover & Surface 지정	---	해당 도시 사이
Night Fare 지정	/H	해당 도시 사이
Aircraft Type 지정	/E320	해당 도시 사이
Ticketing Date 지정	/R,01DEC12	Entry의 마지막
운임 분리지점 강제 미지정	/N	해당 도시 앞

■ 할인 Code 및 Passenger Type Code

Fare System은 Discount Code와 Passenger Type Code(PTC)를 병행하여 사용하지만 성인의 경우 할인 코드가 없으므로 PTC를 사용한다.

내용	Discount Code	Passenger Type Code
Infant(유아)	IN	INF
Child(소아)	CH	CHD
Adult(성인)	-	ADT
Student(학생)	SD	STU
Youth(청소년)	ZZ	YTH
Seaman(선원)	SC	SEA
Military(군인)	MM	MIL
Emigrant(이민)	EM	EMI
Agent(여행사)	AD	AGT
Air Industry Employee(항공사 직원)	ID	AST
Senior Citizen(경로 우대)	CD	YCD
Group Inclusive Tour(단체)	GV	GIT
Individual Inclusive Tour	IT	IIT
Tour Conductor(여행인솔자)	CG	TUR

5) PNR이 있는 자동운임계산(FXP)

PNR이 있는 경우 사용하는 자동 운임 계산방법으로 TST(PNR에 저장된 요금과 발권 관련 정보로 발권 시 필수 요소)와 함께 조회하는 방법과 발권정보만 조회하는 두 가지 방법이 있다.

(1) 운임 + TST(Transitional Stored Ticket) 조회 방법

순서	Entry	설명
1	RT PNR No.	PNR 조회
2	FXP	자동운임계산 지시
3	FXT2	적용할 운임 Line 번호 선택
4	ER	저장 - TST 메시지 생성
5	TQT	운임저장 내용 확인

예)

```
RT4662-4806

RP/SELK13UA3/SELK13UA3           IC/SU  15JUL19/1427Z   2FOGDV
4662-4806
  1.SUH/KYUNGSUKMR
  2  TG 659 Q 15NOV 5 ICNBKK HK1          0935 1330   *1A/E*
  3  TG 658 Q 20NOV 3 BKKICN HK1          2310 0635+1 *1A/E*
  4 AP 02-333-3434 ARIRANG TOUR
  5 TK OK15JUL/SELK13UA3

> FXP
FXP

 * FARE BASIS *  DISC    *  PSGR     * FARE KRW    * MSG  *T
01 YLEE1M     *          * P1        *   1247600  *       *Y
02 YLPX15     *          * P1        *   1031900  *       *Y
                                             PAGE  1/ 1
> FXT2
FXT2

01 SUH/KYUNG*
------------------------------------------------------------
    AL FLGT  BK   DATE  TIME  FARE BASIS      NVB  NVA   BG
```

```
 SEL
 BKK TG  0659 Q    15NOV 0935  YLPX15          15NOV15NOV 20
 SEL TG  0658 Q    20NOV 2310  YLPX15          20NOV20NOV 20

KRW   856700      15NOV13SEL TG BKK393.74TG SEL393.74NUC
                 787.48END ROE1087.884000
KRW   109600YQ    XT KRW 28000BP KRW 26000TS
KRW    11600YQ
KRW    54000XT
KRW  1031900
BG CXR: TG/TG
PRICED WITH VALIDATING CARRIER TG - REPRICE IF DIFFERENT VC
10 PERCENT PENALTY APPLIES
ENDOS NONREF/PEX VOLUNTARY CHNGS RESTRICTED
                                             PAGE  2/ 2

> ER
Executing File Finishing...
>
ER
--- TST RLR ---
RP/SELK13UA3/SELK13UA3           IC/SU  15JUL19/1427Z   2FOGDV
4662-4806
  1.SUH/KYUNGSUKMR
  2  TG 659 Q 15NOV 5 ICNBKK HK1         0935 1330   *1A/E*
  3  TG 658 Q 20NOV 3 BKKICN HK1         2310 0635+1 *1A/E*
  4 AP 02-333-3434 ARIRANG TOUR
  5 TK OK15JUL/SELK13UA3
  6 FE PAX NONREF/PEX VOLUNTARY CHNGS RESTRICTED/S2-3
  7 FV PAX TG/S2-3

> TQT

TST00002    SELK13UA3 IC/15JUL I 0           OD SELSEL SI
T-
FXP
   1.SUH/KYUNGSUKMR
 1   ICN TG  659 Q 15NOV 0935  OK YLPX15          15NOV15NOV 20K
 2 O BKK TG  658 Q 20NOV 2310  OK YLPX15          20NOV20NOV 20K
```

```
   ICN
FARE   F KRW     856700
TX001 X KRW   109600YQAC TX002 X KRW    11600YQAD TX003 X KRW  28000BPDP
TX004 X KRW    26000TSLA
TOTAL   KRW    1031900
GRAND TOTAL KRW     1031900
SEL TG BKK393.74TG SEL393.74NUC787.48END ROE1087.884000

  6.FE NONREF/PEX VOLUNTARY CHNGS RESTRICTED
  7.FV TG
```

(2) PNR의 운임정보(TST 제외)만 조회하는 방법

순서	Entry	설명
1	RT PNR No.	PNR조회
2	FXP	자동운임계산 지시
3-1	FQQ 2	운임 계산 내용보기(가로)
3-2	FQH 2	운임 계산 내용보기(세로)

예)

```
RT 2FOGDV

RP/SELK13UA3/SELK13UA3           IC/SU  15JUL19/1427Z   2FOGDV
  1.SUH/KYUNGSUKMR
  2  TG 659 Q 15NOV 5 ICNBKK HK1         0935 1330   *1A/E*
  3  TG 658 Q 20NOV 3 BKKICN HK1         2310 0635+1 *1A/E*
  4 AP 02-333-3434 ARIRANG TOUR
  5 TK OK15JUL/SELK13UA3
  6 FE PAX NONREF/PEX VOLUNTARY CHNGS RESTRICTED/S2-3
  7 FV PAX TG/S2-3

> FXP
 * FARE BASIS *  DISC    *  PSGR      * FARE KRW    * MSG  *T
01 YLEE1M     *          * P1         *   1247600  *       *Y
```

```
02 YLPX15    *         * P1        *  1031900  *      *Y
                                          PAGE  1/ 1
> FQQ2
02 YLPX15    *         * P1        *  1031900  *      *Y
---------------------------------------------------------------
    AL FLGT  BK   DATE  TIME  FARE BASIS     NVB  NVA   BG
 SEL
 BKK TG   659 Q    15NOV 0935  YLPX15         15NOV15NOV 20
 SEL TG   658 Q    20NOV 2310  YLPX15         20NOV20NOV 20

KRW   856700      15NOV13SEL TG BKK393.74TG SEL393.74NUC
                 787.48END ROE1087.884000
KRW   109600YQ    XT KRW 28000BP KRW 26000TS
KRW    11600YQ
KRW    54000XT
KRW  1031900
BG CXR: TG/TG
PRICED WITH VALIDATING CARRIER TG - REPRICE IF DIFFERENT VC
10 PERCENT PENALTY APPLIES
                                          PAGE  2/ 3
*TRN*
```

(3) PNR Pricing 주요 Option

Entry(FXP)	설명	Entry(FXX)
FXP/P2,3	승객 지정(Passenger Association)	FXX/P2,3
FXP/S2-4	여정 지정(Segment Association)	FXX/S2-4
FXP/RCD	Discount 코드 적용(Passenger Discount code)	FXX/RCD
FXP/INF	유아 지정(Infant Association)	FXX/INF
FXP/PAX	유아를 제외한 모든 승객 PNR Pricing All passengers(adult and children) except infant	FXX/PAX

2 AMADEUS BEST PRICER

1) Amadeus Best Pricer

Amadeus Best Pricer란 예약되어 있는 여정에 대하여 최적의 운임을 산출하는 기능이다. 예약이 가능한 낮은 Booking Class와 운임 또는 같은 Class 중에서도 낮은 운임을 자동으로 확인하여 주는 매우 편리한 기능으로 이미 작성된 PNR을 조회한 후 사용한다.

2) Amadeus Best Pricer 기능 요약

Entry	설명
FXB	저렴한 운임으로 재예약하고 TST 정보 생성
FXR	저렴한 운임으로 재예약 *TST 비생성
FXA → FXU	FXA : 저렴한 운임목록 확인 FXU : 운임 적용하여 재예약 및 TST 생성
FXA → FXZ	FXA : 저렴한 운임목록 확인 FXZ : 운임 적용하여 재예약 *TST 비생성
FXL	좌석 예약가능 상태를 고려, 예약가능한 가장 저렴한 운임 산출. 재예약(Rebooking) 및 TST 정보는 생성하지 않음.

TST(Transitional Stored Ticket): PNR에 저장된 요금 및 발권 관련 정보로 발권 시 필수 요소임.

(1) 저렴한 운임으로 재예약(FXB)

```
--- RLR ---
RP/SELK13UA3/SELK13UA3          IC/SU  15JUL19/1447Z   2FOR2W
0298-7960
  1.HAMMINGTON/SAMMR
  2  KE 657 Y 20NOV 3 ICNBKK HK1         0735 1150   *1A/E*
  3  KE 654 Y 25NOV 1 BKKICN HK1         0015 0720   *1A/E*
  4 AP 031-123-4568 KB TOUR
  5 TK OK15JUL/SELK13UA3
  6 OPW SELK13UA3-29AUG:0000/1C7/KE REQUIRES TICKET ON OR BEFORE
       30AUG:0000/S2-3
  7 OPC SELK13UA3-30AUG:0000/1C8/KE CANCELLATION DUE TO NO
       TICKET/S2-3
```

```
> FXB
01 HAMMINGTON/SAMMR
ITINERARY REBOOKED (BEST PRICE로 재예약됨)
------------------------------------------------------------
    AL FLGT  BK   DATE  TIME  FARE BASIS      NVB  NVA   BG
 SEL
 BKK KE  0657 E *  20NOV 0735  EKEKS              20MAY 1P
 SEL KE  0654 E *  25NOV 0015  EKEKS              20MAY 1P

KRW   708800      20NOV19SEL KE BKK Q50.00 275.76KE SEL Q
                 50.00 275.76NUC651.52END ROE1087.884000
KRW    28000BP
KRW    26000TS

KRW   762800
TICKET STOCK RESTRICTION
BG CXR: KE/KE
PRICED WITH VALIDATING CARRIER KE - REPRICE IF DIFFERENT VC
50000 KRW PENALTY APPLIES
                                           PAGE  2/ 3
> ET
Executing File Finishing...
  ET
END OF TRANSACTION COMPLETE - 2FOR2W - KE/0298-7960

> RT0298-7960
--- TST RLR --- (TST 생성)
RP/SELK13UA3/SELK13UA3           IC/SU  15JUL19/1452Z   2FOR2W
0298-7960
  1.HAMMINGTON/SAMMR
  2  KE 657 E 20NOV 3 ICNBKK HK1          0735 1150   *1A/E*
  3  KE 654 E 25NOV 1 BKKICN HK1          0015 0720   *1A/E*
  4 AP 031-123-4568 KB TOUR
  5 TK OK15JUL/SELK13UA3
  6 OPW SELK13UA3-18JUL:0000/1C7/KE REQUIRES TICKET ON OR BEFORE
        19JUL:0000/S2-3
  7 OPC SELK13UA3-19JUL:0000/1C8/KE CANCELLATION DUE TO NO
        TICKET/S2-3
  8 FE PAX NONENDS. RISS CHRG APPLY-KRW40000. RFND PNTY
       APPLY-KRW50000. NO MILE UG./S2-3
  9 FV PAX KE/S2-3
```

(2) 저렴한 운임목록 확인 후 재예약

가) 재예약 후 TST 정보 생성(FAX → FXU)

나) 재예약만 하고 TST 정보 미생성(FXA → FXZ)

예)

```
RT9632-8170
--- RLR ---
RP/SELK13UA3/SELK13UA3            IC/SU  15JUL19/1500Z   2FOWVQ
9632-8170
  1.JANG/KYUCKMR
  2  KE 653 Y 20DEC 5 ICNBKK HK1          1905 2255   *1A/E*
  3  KE 652 Y 24DEC 2 BKKICN HK1          2245 0550+1 *1A/E*
  4 AP 02-123-4567 KB TOUR
  5 TK OK15JUL/SELK13UA3
  6 OPW SELK13UA3-29AUG:0000/1C7/KE REQUIRES TICKET ON OR BEFORE
        30AUG:0000/S2-3
  7 OPC SELK13UA3-30AUG:0000/1C8/KE CANCELLATION DUE TO NO
        TICKET/S2-3

> FXA
 * FARE BASIS *  DISC    *  PSGR     * FARE KRW  * MSG  *T
01 YRT+YHRTKE *          * P1        *  1511600  *      *Y
02 YHRTKE     *          * P1        *  1482800  *      *Y
03 EHEKS      *          * P1        *   882800  *      *Y
*3*TICKET STOCK RESTRICTION
                                          PAGE  1/ 1
> FXU3
03 EHEKS     *          * P1        *   882800  *RB    *Y
ITINERARY REBOOKED
----------------------------------------------------------------
    AL FLGT  BK   DATE  TIME  FARE BASIS     NVB  NVA   BG
 SEL
 BKK KE  0653 E *  20DEC 1905  EHEKS               20JUN 1P
 SEL KE  0652 E *  24DEC 2245  EHEKS               20JUN 1P

KRW   828800      20DEC13SEL KE BKK Q50.00 330.91KE SEL Q
                 50.00 330.91NUC761.82END ROE1087.884000
KRW   28000BP
```

```
KRW    26000TS

KRW   882800
TICKET STOCK RESTRICTION
BG CXR: KE/KE
PRICED WITH VALIDATING CARRIER KE - REPRICE IF DIFFERENT VC
50000 KRW PENALTY APPLIES
                                                   PAGE  2/
> ER
Executing File Finishing...

--- TST RLR ---
RP/SELK13UA3/SELK13UA3            IC/SU  15JUL19/1501Z   2FOWVQ
9632-8170
  1.JANG/KYUCKMR
  2  KE 653 E 20DEC 5 ICNBKK HK1          1905 2255    *1A/E*
  3  KE 652 E 24DEC 2 BKKICN HK1          2245 0550+1 *1A/E*
  4 AP 02-123-4567 KB TOUR
  5 TK OK15JUL/SELK13UA3
  6 OPW SELK13UA3-18JUL:0100/1C7/KE REQUIRES TICKET ON OR BEFORE
        19JUL:0100/S2-3
  7 OPC SELK13UA3-19JUL:0100/1C8/KE CANCELLATION DUE TO NO
        TICKET/S2-3
  8 FE PAX NONENDS. RISS CHRG APPLY-KRW40000. RFND PNTY
       APPLY-KRW50000. NO MILE UG./S2-3
  9 FV PAX KE/S2-3
```

(3) 예약 가능한 저렴한 운임산출(FXL)

FXL로 지시된 경우, 저렴한 운임의 Class를 보여주지만 재예약(Rebooking)은 되지 않으며TST 정보도 생성되지 않는다. FXL 후 잔여 좌석이 없는 경우, 시스템은 저렴한 운임으로 산출된 결과값 상단에 [LOWEST SOLD OUT//TRY WAIT LIST]라는 경고 메시지를 보여준다.

적용 예)

```
--- RLR ---
RP/SELK13UA3/SELK13UA3          IC/SU  15JUL19/1507Z   2FOWVQ
9632-8170
  1 JANG/KYUCKMR
  2 AF1680 Y 20JAN 1 CDGLHR HK1  0650 2E 0730 0750   *1A/E*
  3 AP 02-123-4567 KB TOUR
  4 TK OK16JUL/SELK13UA3
  5 OPW SELK13UA3-16JAN/1C7/AF REQUIRES TICKET ON OR BEFORE
       16JAN/S2
  6 OPC SELK13UA3-17JAN/1C8/AF CANCELLATION DUE TO NO TICKET/S2

>FXL
01 JANG/KYUCK*
LOWEST SOLD OUT//TRY WAIT LIST
```
잔여좌석 없음

```
-------------------------------------------------------------
    AL FLGT  BK   DATE  TIME  FARE BASIS      NVB  NVA   BG
 PAR
 LON AF  1680 V *  20JAN 0730  VAX6WFR        20JAN20JAN 1P

EUR    8.00     20JAN14PAR AF LON10.42NUC10.42END ROE
KRW   12100     0.767069
KRW   45300YR    XT KRW 1600IZ KRW 6600FR KRW 19300FR
KRW   19600QX
KRW   27500XT
KRW  104500
RATE USED 1EUR=1508.34000KRW
TICKET STOCK RESTRICTION
BG CXR: AF
PRICED WITH VALIDATING CARRIER AF - REPRICE IF DIFFERENT VC
TICKETS ARE NON-REFUNDABLE
                                          PAGE  2/ 3
```

기존 운임보다 저렴한 "V" CLASS 운임을 산출하여 보여준다.
FXL로 지시한 경우 재예약되지 않으며 TST 정보도 생성되지 않는다.

3) AMADEUS MASTER PRICER EXPERT(FXD)

Amadeus Master Pricer Expert란 입력된 여정에 대해 예약가능한 비행편과 운임정보를 추천해 주는 기능으로 PNR을 생성하지 않고 검색 가능하다.

전체 여정은 2개의 Surface를 포함하여 최대 6개 Segment까지 검색 가능하며, 운임결과 조회 후 FXU 또는 FXZ을 이용하여 예약가능하다.

적용 예)

FXD SEL/D20JANSIN/D30JANICN → FXS1

Entry	설명
FXD	기본지시어
SEL/D20JANSIN/D30DECICN	구간 및 해당 구간 여행일
FXS1	1번 추천 운임 선택

예)

```
FXD SEL/D20JANSIN/D30JANICN  - 날짜 지정 운임조회
28 GROUPS AND 50 RECOMMENDATIONS RETURNED FROM KRW 689200 TO 2221100
-        689,200원부터 2,221,100원까지 적용가능한 운임과 예약가능편이 조회됨
---------- RECOMMENDATION 1 OF 2 IN GROUP 1(KRW 689200)----------
  PTC       CUR                TAX           FARE BASIS
1 ADT     1 KRW    689200    299200            QKBC3MKR
  TOTAL   1 KRW    689200    299200

1   MH  67  Q  20JAN  ICN   KUL M  1100  1650    E0 333
MI MH9155  Q  20JAN  KUL M SIN 2  1805  1900    E0 320  0900
2   MH 610  Q  30JAN  SIN 2 KUL M  2120  2220    E0 738
    MH  66  Q  30JAN  KUL M ICN    2335  0650+1 E0 333  0830
   FXS1 TO SELECT      FXZ1 TO BOOK      FXU1 TO BOOK AND CREATE TST

---------- RECOMMENDATION 1 OF 1 IN GROUP 2(KRW 689200)----------
  PTC       CUR                TAX           FARE BASIS
1 ADT     1 KRW    689200    299200            QKBC3MKR
  TOTAL   1 KRW    689200    299200

1   MH  67  Q  20JAN  ICN   KUL M  1100  1650    E0 333
SQ MH9141  B  20JAN  KUL M SIN 2  1850  1945    E0 333  0945
2   MH 610  Q  30JAN  SIN 2 KUL M  2120  2220    E0 738
    MH  66  Q  30JAN  KUL M ICN    2335  0650+1 E0 333  0830

> FXS1(추천운임 중 1번의 세부 내용과 예약가능한 항공편 정보 2개 표시)
2 RECOMMENDATIONS IN GROUP 1(KRW 689200)
```

```
> FXS1(추천운임 중 1번의 세부 내용과 예약가능한 항공편 정보 2개 표시)
2 RECOMMENDATIONS IN GROUP 1(KRW 689200)

---------- RECOMMENDATION 1 OF 2 IN GROUP 1(KRW 689200)----------
  PTC       CUR                TAX          FARE BASIS
1 ADT      1 KRW    689200    299200          QKBC3MKR
  TOTAL    1 KRW    689200    299200

1    MH  67  Q  20JAN  ICN    KUL M  1100  1650   E0 333
 MI MH9155  Q  20JAN  KUL M SIN 2  1805  1900   E0 320  0900
2    MH 610  Q  30JAN  SIN 2 KUL M  2120  2220   E0 738
     MH  66  Q  30JAN  KUL M ICN    2335  0650+1 E0 333  0830
     FXZ1 TO BOOK     FXU1 TO BOOK AND CREATE TST     MPFXD TO RETURN

---------- RECOMMENDATION 2 OF 2 IN GROUP 1(KRW 689200)----------
  PTC       CUR                TAX          FARE BASIS
1 ADT      1 KRW    689200    299200          QKBC3MKR
  TOTAL    1 KRW    689200    299200

1    MH  67  Q  20JAN  ICN    KUL M  1100  1650   E0 333
     MH 607  Q  20JAN  KUL M SIN 2  1930  2025   E0 738  1025
2    MH 610  Q  30JAN  SIN 2 KUL M  2120  2220   E0 738
     MH  66  Q  30JAN  KUL M ICN    2335  0650+1 E0 333  0830
```

위의 내용 확인 후 FXU 또는 FXZ을 이용하여 예약가능하다.

```
MPFXD - FXS1 운임지정하기 전 초기 운임조회 정보 확인
28 GROUPS AND 50 RECOMMENDATIONS RETURNED FROM KRW 689200 TO 2221100

---------- RECOMMENDATION 1 OF 2 IN GROUP 1(KRW 689200)----------
  PTC       CUR                TAX          FARE BASIS
1 ADT      1 KRW    689200    299200          QKBC3MKR
  TOTAL    1 KRW    689200    299200

1    MH  67  Q  20JAN  ICN    KUL M  1100  1650   E0 333
 MI MH9155  Q  20JAN  KUL M SIN 2  1805  1900   E0 320  0900
2    MH 610  Q  30JAN  SIN 2 KUL M  2120  2220   E0 738
     MH  66  Q  30JAN  KUL M ICN    2335  0650+1 E0 333  0830
   FXS1 TO SELECT     FXZ1 TO BOOK     FXU1 TO BOOK AND CREATE TST
```

```
---------- RECOMMENDATION 1 OF 1 IN GROUP 2(KRW 689200)----------
  PTC       CUR                TAX          FARE BASIS
1 ADT     1 KRW    689200    299200           QKBC3MKR
  TOTAL   1 KRW    689200    299200

1   MH  67  Q  20JAN  ICN   KUL M  1100  1650   E0 333
 SQ MH9141  B  20JAN  KUL M SIN 2  1850  1945   E0 333  0945
2   MH 610  Q  30JAN  SIN 2 KUL M  2120  2220   E0 738
    MH  66  Q  30JAN  KUL M ICN    2335  0650+1 E0 333  0830
```

AMADEUS MASTER PRICER EXPERT 응용

Entry	설명
FXD2ICN/D30NOVJKT/D10DECICN	30NOV ICN- JKT//10DECJKT-ICN 2좌석에 대한 예약가능편 운임 추천
FXD2ICN/D30NOVJKT/D10DECICN//PB700000	최대 70만원 이내 적용 가능한 좌석과 운임 추천
FXD2ICN/D30NOVJKT/D10DECICN/RCH	소아할인 적용 가능한 좌석과 운임추천

Chapter 2
E-TICKET 발권

1 항공권의 기본

1) 국제선 항공권 유효기간

① 국제선 항공운임의 경우 유효기간은 적용 운임에 따라 달라진다.

② 정상운임의 경우 첫 구간은 발행일로부터 1년이며 나머지 구간은 첫 구간의 출발일로부터 1년이다.

③ 특별운임의 경우 규정에 따라 유효기간이 다르며 최대/최소 체류기간을 함께 제한하는 경우가 대부분이다.

④ 항공권은 유효기간 만료일 자정까지 유효하며 마지막 탑승용 Coupon은 출발 도시 기준, 자정 이전에 출발 하여야 한다.

⑤ 유효기간을 계산할 때는 유효기간을 지정하는 운임 조건에 따라 방법이 달라지며 '일(Day)'로 규정된 경우와 '월(Month)'로 규정된 경우 각각 적용 방법이 조금씩 달라진다. 예를들어 'Day'로 규정된 경우에는 출발일 다음 날부터 계산되며 만약 17일 유효기간을 가진 경우라면 출발 일에 17일을 더한 날이 그대로 유효기간이 된다.

2) Endorsment

한 번 발행된 항공권은 타인에게 양도가 불가하며 항공권에 관련된 모든 권한은 항공권에 명시된 승객에게만 주어진다.

3) 항공권에 적용되는 통화 및 운임

모든 항공운임은 운임 산출 규정이 정하는 규정에 따라 최초 국제선 출발국의 통화로 징수된다. 또한 항공권 판매 시 적용운임은 항상 최초 출발일을 기준으로 운임을 적용하여 판매한다.

2 항공권(e-Ticket) 개요

전자항공권은 항공권으로 수행되는 모든 Transactions이 ET Process를 통하여 항공사의 Computer System에 보관되는 항공권으로 해당 항공사의 컴퓨터 시스템(GDS, 항공사DB)에 항공권의 모든 세부사항을 저장하고 필요시에 전산으로 자유롭게 조회하여 처리하는 방법을 의미한다.

1) Itinerary & Receipt(= ITR : 여정 발급 확인서)

항공권의 세부 내역과 법적 고지문 등을 안내하는 증표로, 발권 후 승객에게 전달하여 입국시 차질이 없도록 하며, 승객은 여행기간 내 ITR을 소지하여야 한다.

2) E Ticket 정보 조회

E Ticket은 모든 항공권의 세부사항을 ET Process를 통하여 항공사, 여행사, 기타 Service Provider가 수행 가능하도록 구성되어 있다. E-Ticket 발행 전에 각 Market의 E-Ticket 환경을 파악하고 발권 조건을 확인할 필요가 있다.

(1) 한국시장의 E Ticket 발권 항공사 조회

TGETD-KR

TG	:	기본 지시어
ETD	:	E TICKET Display
-	:	구분키
KR	:	확인하고자 하는 Market

```
> TGETD-KR
COUNTRY        KR
ELECTRONIC TICKETING CARRIERS
AA    AC    AF    AI    AM    AY    AZ    BA
BR    B7    CA    CI    CO    CX    CZ    DL
EK    EY    FM    FV    GA    GE    GF    HA
HR    HU    HX    JJ    JL    KC    KE    KL
MU    NH    NW    NX    NZ    OM    OS    OZ
PG    PR    QF    QR    SA    SB    SC    SK
SQ    SU    S7    TG    TK    UA    UL    UN
UO    US    U4    VN    XF    YO    ZE    ZH
3U    7C    9B    9W
```

☞ 현재 한국시장에서 E Ticket이 가능한 항공사 LIST를 확인할 수 있다.

3 항공권 발행(e-Ticketing)

☞ 전자항공권 발행 시 유의사항

① Carrier-Open(YY)은 전자항공권 발행이 불가능하다.
② 전 여정이 e-Ticket 발권 가능 항공사인 경우에만 전자항공권 발행이 가능하다.
③ 한 PNR의 부분승객, 부분여정에 대한 e-Ticket 발권이 가능하다.
④ 대한항공은 하나의 PNR에 국내선과 국제선이 같이 예약되어 있는 경우, 국내선 e-Ticket과 국제선 e-Ticket을 하나의 PNR 내에서 발권할 수 없다.
⑤ 전체 여정이 e-Ticket 발권 가능 표시인 (E) Indicator가 모든 구간에 표시되어 있더라도 발권 항공사(Stock Carrier)에 따라 발권이 불가능할 수 있으므로 반드시 확인한다.

1) 발권 PNR의 구성 요소

전자항공권 발행을 위해서는 완성된 예약 PNR에, 아래의 발권 필수항목을 입력해야만 한다. 발권을 위한 구성요소는 다음과 같다.

① TST(Transitional Stored Ticket): Pricing and ticketing information (HE TST)
운임 저장 후 발권을 위해 필요한 모든 정보가 담겨 있는 Field

② FM Element : Commission (HE FM)

③ FV Element : Validating Carrier (HE FV)

④ FP Element : Form of Payment (HE FP)

⑤ FE Element : Endorsement 및 Restriction (HE FE)

⑥ FT Element : AUTH No 및 Tour Code (HE FT)

⑦ FS Element : Conjunction Ticket Number ☺ KE Only

⑧ DC Element : Discount 금액 설정 (TTN/D)

☞ 발권 Data 필수 항목

① TST : Transitional Stored Ticket Pricing and Ticketing Information 발권을 위한 운임데이터 저장
② FM : Commission
③ FV : Validating Carrier
④ FP : Form of Payment

☞ 발권 Data 선택항목

① FE : Endorsement
② FT : Tour Code
③ FS : Conjunction TKT No

2) 발권 DATA 입력

(1) TST(Transitional Stored Tickets) 생성

① PNR에 저장된 요금 및 발권 관련 정보로 발권 시 필수 요소이다.

② TST 생성 시 TST 생성일, Office ID, 생성자 Sign Code가 함께 저장된다.

③ SEG별로 승객별 최대 10개의 TST 생성 가능하나, 여정 중복은 불가하다.

④ 동일한 여정, 운임, 지불 수단의 경우 하나의 TST로 복수 승객에게 적용 가능하다.

⑤ TST 생성 당일 자정까지 유효하므로 다음날 발권할 경우는 Repricing이 필요하다.

⑥ TST 생성 시 PNR 상단에 [TST RLR] 메시지가 표시된다.

■ TST 입력 시 주의사항

① 승객 이름에 Infant가 포함되어 있는 경우에는 INF 승객에 대한 별도의 TST가 생성되며, 발권 시 Status Code는 'NS'(No Saet)로 표시된다.

② TST 생성 시 PNR 상단에 [TST RLR] 메시지가 표시된다.

③ TST 생성일 당일 자정까지 유효하므로, 익일 발권 시 Repricing을 해야 한다.

■ TST 생성

① TST 작업순서

순서	Entry	설명
1	RT PNR No.	PNR 조회
2	FXP	자동운임 산출 지시
3	FXT2	운임 선택(2개 이상 시) 및 선택 운임 TST 생성
4	ER	TST 저장 및 PNR 조회
5	TQT	TST 조회

② 승객의 PNR에 AUTO TST 생성하기

```
--- RLR ---
RP/SELK13UA3/SELK13UA3            IC/SU  15JUL19/1541Z   Z98R2Y
>RT1884-9821     ----> PNR 조회
  1.LEE/SUNMIMS
  2  KE 657 E 15DEC 7 ICNBKK HK1        0735 1150   *1A/E*
  3  KE 658 E 20DEC 5 BKKICN HK1        1305 2030   *1A/E*
  4 AP 02-456-7890 ABC TRAVEL
  5 TK OK08JUL/SELK13UA3
  6 OPW SELK13UA3-21AUG:0100/1C7/KE REQUIRES TICKET ON OR BEFORE
        22AUG:0100/S2-3
  7 OPC SELK13UA3-22AUG:0100/1C8/KE CANCELLATION DUE TO NO
        TICKET/S2-3
>FXP              ----> 자동운임계산

 * FARE BASIS *  DISC    *  PSGR      * FARE KRW   * MSG  *T
01 YRT+YHRTKE *          * P1        *   1511600  *      *Y
02 YHRTKE     *          * P1        *   1482800  *      *Y
                                             PAGE  1/ 1
```

```
>FXT2                  ----> 02번 운임선택

01 LEE/SUNMIMS
------------------------------------------------------------
    AL FLGT  BK   DATE  TIME  FARE BASIS      NVB  NVA   BG
 SEL
 BKK KE  0657 Y    15DEC 0735  YHRTKE                    1P
 SEL KE  0658 Y    20DEC 1305  YHRTKE                    1P

KRW  1428800       15DEC13SEL KE BKK Q50.00 606.68KE SEL Q
                 50.00 606.68NUC1313.36END ROE1087.884000
KRW    28000BP
KRW    26000TS

KRW  1482800
BG CXR: KE/KE
PRICED WITH VALIDATING CARRIER KE - REPRICE IF DIFFERENT VC
ENDOS NONENDS.
                                              PAGE  2/ 2

> ER                ----> 운임저장
WARNING: KE REQUIRES TICKET ON OR BEFORE 22AUG:0100/S2-3
> ER - 저장

--- TST RLR ---     ---> PNR에 TST 저장되었음이 표시
RP/SELK13UA3/SELK13UA3          IC/SU  15JUL19/1541Z   Z98R2Y
1884-9821
  1.LEE/SUNMIMS
  2  KE 657 Y 15DEC 7 ICNBKK HK1          0735 1150   *1A/E*
  3  KE 658 Y 20DEC 5 BKKICN HK1          1305 2030   *1A/E*
  4 AP 02-456-7890 ABC TRAVEL
  5 TK OK08JUL/SELK13UA3
  6 OPW SELK13UA3-21AUG:0100/1C7/KE REQUIRES TICKET ON OR BEFORE
       22AUG:0100/S2-3
  7 OPC SELK13UA3-22AUG:0100/1C8/KE CANCELLATION DUE TO NO
       TICKET/S2-3
  8 FE PAX NONENDS./S2-3
  9 FV PAX KE/S2-3
```

```
> TQT       ---> TST조회
TST00001     SELK13UA3 IC/16JUL I 0          OD SELSEL SI     ①
T-
FXP
  1.LEE/SUNMIMS
 1   ICN  KE  657 Y 15DEC 0735  OK YHRTKE                 1PC     ②
 2 O BKK KE  658 Y 20DEC 1305  OK YHRTKE                 1PC
    ICN
FARE  F KRW    1428800
TX001 X KRW    28000BPDP TX002 X KRW   26000TSLA
TOTAL   KRW    1482800                                          ③
GRAND TOTAL KRW    1482800
SEL KE BKK Q50.00 606.68KE SEL Q50.00 606.68NUC1313.36END
 ROE1087.884000
 8.FE NONENDS.                                    ④
  9.FV KE
```

① TST Number(예: TST00001), TST생성 Office 코드(예: SELK13UA3),

Sign 코드 및 생성 일자(예: AA/17MAR), Pricing Indicator(예: I FOR AN IATA AUTOPRICED FARE)

Fare Calculation Mode Information(예: 0- Automatically Priced)

☞ Fare Calculation Mode Indicator(=FCMI): 운임 산출 방식을 의미한다.(HE FCMI 참조)

- 0 : Automatically Priced /- 1 : Manual Creation

② Passenger Name, Itinerary, Not valid before/after, Baggage 등 여정 정보

③ Fare Details

④ Restriction(예: FE NON REF/PEX VOULUNTARY CHNGS RESTRICTED)

Validating Carrier(예 : FV TG) / Commission(예: FM0)

〈응용 : TST 삭제〉

ENTRY	설명
TTE	기본지시어
TTE/ALL	모든 TST 삭제하기
TTE/T1	1번 TST 삭제
TTE/P2,4	2,4번 승객에 연결된 TST 삭제하기
TTE/T1/P1	1번 TST에 연결된 1번 승객의 TST 삭제하기

```
TQT - TST 조회
TST00001     SELK13UA3 IC/16JUL I 0           OD SELSEL SI
T-
FXP
   1.LEE/SUNMIMS
 1   ICN KE  657 Y 15DEC 0735  OK YHRTKE                    1PC
 2 O BKK KE  658 Y 20DEC 1305  OK YHRTKE                    1PC
     ICN
FARE  F KRW    1428800
TX001 X KRW    28000BPDP TX002 X KRW    26000TSLA
TOTAL   KRW    1482800
GRAND TOTAL KRW    1482800
SEL KE BKK Q50.00 606.68KE SEL Q50.00 606.68NUC1313.36END
 ROE1087.884000

  8.FE NONENDS.
  9.FV KE
TTE/T1 - TST 1번 삭제
TST DELETED
```

〈응용 : 자동 운임 산출 지시〉

Entry	설명
FXP FXP/R,20DEC16(과거 발권일)	기본조회, 과거 발권일은 1년 전까지만 가능
FXP/P1 FXP/P1-3 FXP/P1,3,5	승객지정
FXP/S4 FXP/S1-3 FXP/S1,3,5	PNR SEG 지정
FXP/INF	유아 Only
FXP/PAX	성인 및 소아 승객 지정
FXP/RSD FXP/P2/RSC	할인코드 지정
FXP/RGV	단체 지정
FXP/P1/RCH//P2/RZZ	승객별 할인유형 지정

〈응용 : TST 조회〉

☞ 승객 지정 시 [/P1]로 승객번호 지정 [/T1]로 TST 번호 지정

구분	Entry 및 설명
성인+소아+유아 (모든 승객)	TQT : TST 조회 TQT/S3-4 : PNR SEG 3-4번 포함하는 TST만 조회 TQT/T1 : 1번 TST만 조회 TQT/P1 : 1번 PAX TST만 조회 TQT/S3-4/P1 : PNR SEG 3-4번 포함, 1번 PAX의 TST 조회 ☺ DISC 적용된 경우, 할인 금액 표시하여 TST 조회 시 TQT 대신 TQN 입력
성인+소아 TST (유아 제외)	TQT/PAX : TST 조회 TQT/PAX/S3-4 : PNR SEG 3-4번 포함하는 TST만 조회 TQT/PAX/P1 : 1번 PAX TST만 조회 TQT/PAX/S3-4/P1 : PNR SEG 3-4번 포함, 1번 PAX의 TST 조회 ☺ DISC 적용된 경우, 할인 금액 표시하여 TST 조회 시 TQT 대신 TQN 입력
유아 TST Only	TQT/INF : TST 조회 TQT/INF/S3-4 : PNR SEG 3-4번 포함하는 TST만 조회 TQT/INF/P1 : 1번 PAX TST만 조회 TQT/INF/S3-4/P1 : PNR SEG 3-4번 포함, 1번 PAX의 TST 조회 ☺ DISC 적용된 경우, 할인 금액 표시하여 TST 조회 시 TQT 대신 TQN 입력

(2) TST 삭제

TST를 삭제하면 Original TST 정보는 TST History로 이관되어 저장된다.

☞ 승객 지정 시 [/P1]로 승객번호 지정 [/T1]로 TST 번호 지정

Entry	설명
TTE/ALL	모든 TST 삭제
TTE/PAX	성인+소아 승객의 TST 삭제(유아 제외)
TTE/INF	모든 유아 TST만 삭제
TTE/T1	1번 TST 삭제
TTE/T1,3	TST 1, 3번만 삭제
TTE/T1/P1	1번 승객의 TST 1번 삭제

연습문제

승객명 : 본인
여 정 : 3/1 서울-방콕 (KE), 3/7 방콕-서울 (KE)
연락처 : 02-123-1311 / 010-123-1234

1. 다음 여정으로 PNR을 작성한 후 TST를 생성하라.

```
> RT46044713
--- RLR ---
RP/SELK1394Z/SELK1394Z           AA/GS   7JAN19/1236Z   26C23V
4604-4713
  1. PARK/BOGUMMR
  2  KE 657 E 01DEC 4 ICNBKK HK1  0900 1300  01DEC  E  KE/26C23V
  3  KE 652 E 07DEC 3 BKKICN HK1  2245 0550  08DEC  E  KE/26C23V
  4 AP SEL 1566-0014 - TOPAS TRAINING UNIVERSITY - A
  5 TK OK07JAN/SELK1394
  6 OPW SELK1394Z-20JAN:1900/1C7/KE REQUIRES TICKET ON OR BEFORE
       21JAN:1900/S2-3
  7 OPC SELK1394Z-21JAN:1900/1C8/KE CANCELLATION DUE TO NO
       TICKET/S2-3
*TRN*

> FXP

01 PARK/BOGUMMR

LAST TKT DTE 10JAN19 - SEE ADV PURCHASE
--------------------------------------------------------------
    AL FLGT  BK   DATE  TIME  FARE BASIS     NVB  NVA   BG
 SEL
 BKK KE   657 E    01DEC 0900  EKEKS              01JUN 1P
 SEL KE   652 E    07DEC 2245  EKEKS              01JUN 1P

KRW   650000      01DEC16SEL KE BKK276.53KE SEL276.53NUC
                 553.06END ROE1175.264000
KRW    28000BP    XT KRW 1200E7 KRW 23100TS
KRW     1200E7
KRW    24300XT
KRW   703500
TICKET STOCK RESTRICTION
BG CXR: KE/KE
PRICED WITH VALIDATING CARRIER KE - REPRICE IF DIFFERENT VC
```

```
>                                                    PAGE  2/ 3
*TRN*

> ER

--- TST RLR ---

RP/SELK1394Z/SELK1394Z            AA/GS   7JAN19/1237Z   26C23V
4604-4713
  1.PARK/BOGUMMR
  2  KE 657 E 01DEC 4 ICNBKK HK1  0900 1300  01DEC  E  KE/26C23V
  3  KE 652 E 07DEC 3 BKKICN HK1  2245 0550  08DEC  E  KE/26C23V
  4 AP SEL 1566-0014 - TOPAS TRAINING UNIVERSITY - A
  5 TK OK07JAN/SELK1394Z
  6 OPW SELK1394Z-08JAN:1900/1C7/KE REQUIRES TICKET ON OR BEFORE
        10JAN:1900/S2-3
  7 OPC SELK1394Z-10JAN:1900/1C8/KE CANCELLATION DUE TO NO
        TICKET/S2-3
  8 FE PAX NONENDS. RISS CHRG APPLY-KRW70000. RFND PNTY
       APPLY-KRW100000. NO MILE UG./S2-3
  9 FV PAX KE/S2-3
```

3) FM element 입력

(1) Commission 입력

☞ 승객 지정 시 [/P1]로 승객번호 지정 가능하나 TST 번호는 지정 불가하다.

구분	COMM구분	Entry 및 설명
성인+소아+유아 (모든 승객)	Full COM	FM9G: 모든 승객 9 COMM (FM 기본지시어) FM0G: 모든 승객 0 COMM FM0G/P2,4: 승객번호 2, 4번만 0 COMM 입력
	Net COM	FM9N: 모든 승객 9 COMM FM0N: 모든 승객 0 COMM FM0N/P2,4: 승객번호 2, 4번만 0 COMM 입력

→ 삭제: XE9(9: 라인번호), 수정기능은 없으며 삭제 후 다시 입력함

→ Net COMM 경우 반드시 Discount 금액을 입력

→ No COMM 경우 반드시 FM0N 또는 FM0G를 반드시 입력

→ 단, 항공사가 별도의 Commission 테이블을 유지하는 경우 자동 입력되기도 함 (예: ZE항공사 5%Comm)

FM0G

FM : Commission 입력 기본지시어
0 : Percentage
N : Net Comm, G : Gross Comm
(Comm이 없을 경우 FM0G 또는 FM0N)

참고 Net-Comm을 적용할 경우에는 반드시 DISC 항목을 입력하여야 한다. 만일 DISC 금액을 입력하지 않고 발권할 경우 ERROR Response가 Display된다.

(2) DISC 금액 입력방법

☞ TST를 번호별로 지시할 경우 맨 뒤에 [예: /T1]으로 TST 번호는 지정 가능하나 승객번호/SEG번호/PAX, INF 지정은 불가함

Entry	설명
TTN/D150000/T1	1번 TST, DISC 금액 입력 [TTN] : Discount 금액 입력 기본지시어 [/D] : Slash, Discount 약어 [50000] : Discount 금액 (할인금액)
TTN/D150000	TST가 1개인 경우, TST 번호 생략 가능

→ 수정기능은 없으며 새로운 DISC를 입력하면 New 금액으로 대체됨

→ DISC 금액 입력 후, 입력된 DISC 금액 삭제는 불가하며, TTN/D0/T1 (T1 : TST 번호-필요 시)으로 입력함

TTN/D150000

TTN : 할인금액 입력 기본지시어
/D : Slash, Discount 약어
50000 : 할인금액

```
> FM0G

--- TST RLR ---
RP/SELK1394Z/SELK1394Z          AA/GS   7JAN19/1237Z   26C23V
4604-4713
  1.PARK/BOGUMMR
  2  KE 657 E 01DEC 4 ICNBKK HK1  0900 1300  01DEC  E  KE/26C23V
  3  KE 652 E 07DEC 3 BKKICN HK1  2245 0550  08DEC  E  KE/26C23V
  4 AP SEL 1566-0014 - TOPAS TRAINING UNIVERSITY - A
  5 TK OK07JAN/SELK1394Z
  6 OPW SELK1394Z-08JAN:1900/1C7/KE REQUIRES TICKET ON OR BEFORE
        10JAN:1900/S2-3
  7 OPC SELK1394Z-10JAN:1900/1C8/KE CANCELLATION DUE TO NO
        TICKET/S2-3
  8 FE PAX NONENDS. RISS CHRG APPLY-KRW70000. RFND PNTY
       APPLY-KRW100000. NO MILE UG./S2-3
  9 FM *M*0
 10 FV PAX KE/S2-3
```

참고 성인, 소아를 따로 입력하는 경우 승객번호를 지정하여 TTN/D10000/T1(1번 승객), TTN/D10000/T2(2번 승객)로 입력하며, No-DC인 경우 TTN 생략.

4) FV element : Validating Carrier, 발권 항공사 지정(TST 생성 시 자동입력)

구분	Entry 및 설명
성인+소아+유아 (모든 승객)	FVKE : 발권 항공사 KE로 지정 (FV: Validating Carrier/ KE: 발권 항공사) FVKE/P1 : 1번 승객 발권 항공 KE로 지정
성인+소아 TST (유아 제외)	FVPAXKE : 발권 항공사 KE로 지정 FVPAXKE/P1 : 1번 승객 발권 항공 KE로 지정
유아 TST Only	FVINFKE : 발권 항공사 KE로 지정 FVINFKE/P1 : 1번 승객 발권 항공 KE로 지정

→ 삭제: XE9(9: 라인번호), 수정기능은 없으며 삭제 후 다시 입력함

→ 통상 FXP 실행 후 TST가 생성되면 자동으로 입력됨

→ 다른 승객과 TST 번호가 동일하게 사용된 경우 승객번호(/P2,4)를 지정하면 TQT로 조회 시 해당 승객에 대해 새로운 TST가 부여됨

FVKE	FV : Validating Carrier 입력 기본지시어 KE : Validating Carrier

5) FP element : Form Of Payment(지불수단)

(1) 기본 ENTRY 요약

☞ 승객 지정 시 [/P1]로 승객번호는 지정 가능하나 TST 번호는 지정 불가함

구분		Entry 및 설명
성인+소아 +유아 (모든 승객)	현금	FPCASH : 현금 지불 (FP: 기본지시어) FPCASH/P1,3 : 1, 3번 승객 현금 지불
	카드	FPCCVI4444333322221111/0119*E03/N11112222 : 카드 지불 [FPCC] 카드 지불 기본지시어 [VI1111..] 카드 코드 및 16자리 번호 [0119] 월년 [E03] 3개월 할부(일시불 경우 생략 가능) [N11112222] 승인번호(수동으로 입력 필요한 경우에만 입력) FPCCVI4444333322221111/0119*E03/N11112222/P1,3 : 1, 3번 승객 카드 지불
	혼합	FPCASH+CCVI4444333322221111/0119*E00/KRW150000 : 15만원 카드, 나머지 현금 FPCASH+CCVI4444333322221111/0119*E00/N11112222/KRW150000 : 승인번호 수동입력

<table>
<tr><td></td><td></td><td>FPCASH+CCVI4444333322221111/0119*E00/KRW150000/P1,3 : 1, 3번 승객 15만원 카드, 나머지 현금</td></tr>
<tr><td rowspan="3">성인+소아 TST (유아 제외)</td><td>현금</td><td>FPPAXCASH : 현금 지불
FPPAXCASH/P1,3 : 1, 3번 승객 현금 지불</td></tr>
<tr><td>카드</td><td>FPPAXCCVI4444333322221111/0119*E03/N11112222 : 카드 지불
FPPAXCCVI4444333322221111/0119*E03/N11112222/P1,3 : 1, 3번 승객 카드 지불</td></tr>
<tr><td>혼합</td><td>FPPAXCASH+CCVI4444333322221111/0119*E00/KRW150000 : 15만원 카드, 나머지 현금
FPPAXCASH+CCVI4444333322221111/0119*E00/KRW150000/P1,3 : 1, 3번 승객 15만원 카드, 나머지 현금</td></tr>
<tr><td rowspan="3">유아 TST Only</td><td>현금</td><td>FPINFCASH : 현금 지불
FPINFCASH/P1,3 : 1, 3번 승객 현금 지불</td></tr>
<tr><td>카드</td><td>FPINFCCVI4444333322221111/0119*E03/N11112222 : 카드 지불
FPINFCCVI4444333322221111/0119*E03/N11112222/P1,3 : 1, 3번 승객 카드 지불</td></tr>
<tr><td>혼합</td><td>FPINFCASH+CCVI4444333322221111/0119*E00/KRW150000 : 15만원 카드, 나머지 현금
FPINFCASH+CCVI4444333322221111/0119*E00/KRW150000/P1,3 : 1, 3번 승객 15만원 카드, 나머지 현금</td></tr>
</table>

→ 삭제: XE9(9: 라인번호), 수정기능은 없으며 삭제 후 다시 입력

→ 다른 승객과 TST 번호가 동일하게 사용된 경우 승객번호(/P2,4)를 지정하면 TQT로 조회 시 해당 승객에 대해 새로운 TST가 부여됨

(2) 지불수단 입력방법

① 현금 지급

```
FPCASH   : 현금 지불(FP : 기본지시어)
FPCASH/P1,3 : 1,3번 승객 현금 지불
```

② 신용카드 지급(일시불, 승인번호 포함)

```
FPCCVI4444333322221111/0119/N11112222 : 카드 지불

FPCC : 카드 지불 기본지시어
VI1111...... :  카드코드 및 16자리 번호
0119 : 월년
N11112222 : 승인번호(수동으로 입력 필요한 경우에만 입력)

FPCCVI4444333322221111/0119*E03/N11112222/P1,3 : 1,3번 승객 카드 지불
```

③ 신용카드 지급(할부, 승인번호 포함)

```
FPCCVI4444333322221111/0119*E03/N11112222

FPCC : 카드 지불 기본지시어
VI1111...... :  카드코드 및 16자리 번호
0119 : 월년
E03  : 3개월 할부(일시불 경우 생략 가능)
N11112222 : 승인번호(수동으로 입력 필요한 경우에만 입력)

FPCCVI4444333322221111/0119*E03/N11112222/P1,3 : 1,3번 승객 카드 지불
```

④ 현금 + 카드

```
FPCASH+CCVI4444333322221111/0119*E00/N11112222/KRW150000
```

→ 삭제: XE9(9: 라인번호), 수정기능은 없으며 삭제 후 다시 입력함

→ 카드 발권 시 승인번호를 입력하지 않으면, 자동으로 승인요청 처리

```
--- TST RLR ---
RP/SELK1394Z/SELK1394Z            AA/GS   7JAN19/1237Z   26C23V
4604-4713
  1.PARK/BOGUMMR
  2  KE 657 E 01DEC 4 ICNBKK HK1  0900 1300  01DEC  E  KE/26C23V
  3  KE 652 E 07DEC 3 BKKICN HK1  2245 0550  08DEC  E  KE/26C23V
  4 AP SEL 1566-0014 - TOPAS TRAINING UNIVERSITY - A
  5 TK OK07JAN/SELK1394Z
  6 OPW SELK1394Z-08JAN:1900/1C7/KE REQUIRES TICKET ON OR BEFORE
       10JAN:1900/S2-3
  7 OPC SELK1394Z-10JAN:1900/1C8/KE CANCELLATION DUE TO NO
       TICKET/S2-3
  8 FE PAX NONENDS. RISS CHRG APPLY-KRW70000. RFND PNTY
      APPLY-KRW100000. NO MILE UG./S2-3
  9 FM *M*0
 10 FP CCVI1111222233334444/0119*E03/N12345678
 11 FV PAX KE/S2-3
```

→ FE Element : Endorsement 및 Restriction(TST 생성 시 자동입력)

→ 승객별 지시 시 맨 뒤에 [예: /P1]으로 승객번호 지정

→ TST 번호 지정 불가

구분	Entry 및 설명
성인+소아+유아 (모든 승객)	FENON ENDS : NON ENDS 입력 (FE : 기본지시어) FENON ENDS/P1: 1번 승객에 NON ENDS 입력
성인+소아 TST (유아 제외)	FEPAXNON ENDS : NON ENDS 입력 FEPAXNON ENDS/P1: : 1번 승객에 NON ENDS 입력
유아 TST Only	FEINFNON ENDS : NON ENDS 입력 FEINF ENDS/P1: : 1번 승객에 NON ENDS 입력

→ FE 다음은 Free Format: 최대 123 Bytes까지 입력 가능

→ 삭제: XE9(9: 라인번호)

→ 수정: 13/ NO DATE CHNG ALLOWED (13번 Line에 입력된 FE 사항 수정)

→ 이미 입력된 FE line에 추가 입력: 13//NON REFUND (13번 Line에 추가 입력)

→ 다른 승객과 TST 번호가 동일하게 사용된 경우 승객번호(/P2,4)를 지정하면 TQT로 조회 시 해당 승객에 대해 새로운 TST가 부여됨

FENON-ENDS

FE : Endorsement 입력 기본지시어
NON-ENDS : Endorsement에 입력할 내용

```
--- TST RLR ---

 RP/SELK1394Z/SELK1394Z            AA/GS   7JAN16/1237Z   26C23V
 4604 4713
   1.PARK/BOGUMMR
   2  KE 657 E 01DEC 4 ICNBKK HK1  0900 1300  01DEC  E  KE/26C23V
   3  KE 652 E 07DEC 3 BKKICN HK1  2245 0550  08DEC  E  KE/26C23V
   4 AP SEL 1566-0014 - TOPAS TRAINING UNIVERSITY - A
   5 TK OK07JAN/SELK1394Z
   6 OPW SELK1394Z-08JAN:1900/1C7/KE REQUIRES TICKET ON OR BEFORE
        10JAN:1900/S2-3
   7 OPC SELK1394Z-10JAN:1900/1C8/KE CANCELLATION DUE TO NO
        TICKET/S2-3
   8 FE PAX NONENDS. RISS CHRG APPLY-KRW70000. RFND PNTY
       APPLY-KRW100000. NO MILE UG./S2-3
   9 FM *M*0
  10 FP CCVI1111222233334444/0119*E03/N12345678
  11 FV PAX KE/S2-3
```

6) FT Element(HE FT) : AUTH No 및 Tour Code

☞ 승객 지정 시 [/P1]로 승객번호는 지정 가능하나 TST 번호는 지정 불가함

구분	ENTRY및 설명
성인+소아+유아 (모든 승객)	FT*3SDQIININS : AUTH NO 3SDQIININS 입력 (FT: 기본지시어) FT*3SDQIININS/P1: 1번 승객에 AUTH NO 입력
성인+소아 TST (유아 제외)	FTPAX*3SDQIININS : AUHT NO 3SDQIININS 입력 FTPAX*3SDQIININS/P1: 1번 승객에 AUTH NO 입력
유아 TST Only	FTINF*3SDQIININS : AUHT NO 3SDQIININS 입력 FTINF*3SDQIININS/P1: 1번 승객에 AUTH NO 입력

→ 삭제: XE9(9: 라인번호)

→ 수정: 14/* 3SDQIININS(14번 Line에 기 입력된 AUTH No 수정)

→ FT는 1개만 입력 가능하며, AUTH NO가 2개인 경우 다른 하나는 FE로 입력함

☞ 필수 DATA가 입력되면 지시어를 이용하여 항공권 발행을 실행한다.

7) 발권 지시

TTP/RT

TTP : 발권지시어(Time To Print)
/RT : Slash, PNR Retrieve

```
--- TST RLR ---
 RP/SELK1394Z/SELK1394Z            AA/GS   8JAN19/0815Z   26FUXE
 2896-3123
   1.PARK/BOGUMMR
   2  KE 657 E 01MAY 7 ICNBKK HK1  0900 1300  01MAY  E  KE/26FUXE
   3  KE 652 E 07MAY 6 BKKICN HK1  2245 0550  08MAY  E  KE/26FUXE
   4 AP SEL 1566-0014 - TOPAS TRAINING UNIVERSITY - A
   5 TK OK08JAN/SELK1394Z
   6 OPW SELK1394Z-08JAN:1900/1C7/KE REQUIRES TICKET ON OR BEFORE
         11JAN:1900/S2-3
   7 OPC SELK1394Z-11JAN:1900/1C8/KE CANCELLATION DUE TO NO
         TICKET/S2-3
   8 FE PAX NONENDS. RISS CHRG APPLY-KRW70000. RFND PNTY
        APPLY-KRW100000. NO MILE UG./S2-3
   9 FM *M*0
  10 FP CASH
```

```
 11 FV PAX KE/S2-3
> TTP/RT
 OK ETICKET
> RT
--- TST RLR ---
RP/SELK1394Z/SELK1394Z          AA/GS   8JAN19/0816Z   26FUXE
2896-3123
  1.PARK/BOGUMMR
  2  KE 657 E 01MAY 7 ICNBKK HK1  0900 1300  01MAY  E  KE/26FUXE
  3  KE 652 E 07MAY 6 BKKICN HK1  2245 0550  08MAY  E  KE/26FUXE
  4 AP SEL 1566-0014 - TOPAS TRAINING UNIVERSITY - A
  5 TK OK08JAN/SELK1394Z//ETKE
  6 FA PAX 180-9354691328/ETKE/KRW803700/08JAN16/SELK1394Z/00039
       911/S2-3
  7 FB PAX 0800018891 TTP/RT OK ETICKET/S2-3
  8 FE PAX NONENDS. RISS CHRG APPLY-KRW70000. RFND PNTY
       APPLY-KRW100000. NO MILE UG./S2-3
  9 FM *M*0
 10 FP CASH
 11 FV PAX KE/S2-3
```

〈다양한 유형의 발권지시어〉

구분	Entry 및 설명
성인+소아+유아 (모든 승객)	TTP : 발권 지시 (TTP: 발권 기본지시어) TTP/RT : 발권 후 PNR 조회 TTP/T1 /RT : 1번 TST만 발권 후 PNR 조회 TTP/T1,4/RT : 1, 4번 TST 발권 후 PNR 조회 TTP/P1/RT : 1번 승객만 발권 후 PNR 조회 TTP/P1,3/RT : 1, 3번 승객만 발권 후 PNR 조회
성인+소아 TST (유아 제외)	TTP/PAX/RT : 발권 지시 TTP/PAX/P1/RT : 1번 승객만 발권 후 PNR 조회 TTP/PAX/P1,3/RT : 1, 3번 승객만 발권 후 PNR 조회
유아 TST Only	TTP/INF/RT : 발권 지시 TTP/INF/P1/RT : 1번 승객만 발권 후 PNR 조회 TTP/INF/P1,3/RT : 1, 3번 승객만 발권 후 PNR 조회
추가 ENTRY	TTP/VAF/RT : AF 항공사로 모든 승객 발권 및 PNR 조회(V 이후 발권 항공사 2 코드)

☞ 승객과 TST 번호를 결합하여 발권 지시 불가함

5 항공권 이미지 조회

항공권 발행 이후 PNR을 조회하거나 항공권 번호를 조회하는 등 다양한 방법으로 항공권 이미지를 조회할 수 있다.

ENTRY	설명
TWD	PNR에서 ET Record 조회 (승객 1명인 경우)
TWD/L9	PNR에서 FA 항공권 Line 번호로 조회
TWD/TKT180-2300400500	TKT 번호로 ET Record 조회
TWD/VKE/TVL10SEPICNHKG-HONG /GILDONG	발권항공사, 출발일, 구간, 승객명으로 조회
TWD/1	1번 List로 조회
TWDRT	마지막 조회했던 ET Record 조회 (처음 Image 조회 후 30분 이내만 가능)

```
>TWD ---->발권 후 E-티켓 조회

1) TKT-180-9354691328                    2) 1A
LOC- 26FUXE
3) OD-SELSEL  SI-   4) FCMI-0 5) POI-SEL 6) DOI-8JAN16 7) IOI-17320004
8) 1.SEUNG/DUKSUNMS   9) ADT                  10) ST
 1 O ICNBKK      KE     657 E   01MAY 0900  OK  O    11) MLEEKR  12) 10SEP
13) 1PC
 2 O BKKICN      KE     652 E   07MAY 2245  OK  O        MLEEKR
14) FARE   F KRW       773300
   TOTALTAX KRW        45500
15) TOTAL    KRW       818800
16) PAX NONENDS. RISS CHRG APPLY-KRW70000. RFND PNTY
      APPLY-KRW100000. NO MILE UG./S2-3
17) FP CASH
18) FT 6SDQIININE
19) NON-ENDORSABLE
20) FOR TAX/FEE DETAILS USE TWD/TAX
```

1) TKT-1805950100144 : 항공권 번호

2) 1A : 아마데우스, LOC(Record Locator : 예약번호) – 6VJ4GU

3) Origin / Destination

4) 여정 운임 계산(PRICING) 시 Fare Quote System에 의해 생성

항공권 발권 시 Ticket Server에 의해 생성

Ticket Server에 의해 생성된 FCMI 코드가 항상 우선함

5) POI-SEL(Place Of Issue : 항공권 발행지 SEOUL)

6) DOI(Date Of Issue : 항공권 발행일)

7) IOI(IATA Number Of Issue : 항공권 발행여행사 IATA Number)

8) 승객의 이름과 Title

9) ADT(Adult : 승객유형)

10) ST(O : Open for Use, 탑승 가능한 상태의 Coupon Status)

■ Coupon Status

첫 번째 단계		중간 단계		마지막 단계	
O	OPEN	A	Airport Control	F	Flown
		C	Checked In	V	Void
		L	Lifted/Boarded	R	Refunded
		I	Irregular Operations	E	Exchanged
		S	Suspended	P	Printed
		U	Unavailable	X	Printed Exchanged
				G	Convert to FIM
				Y	Refund Tax/Fee Only
				Z	No Longer Usable

☞ Coupon Status를 통해 E-Ticket Coupon의 흐름을 파악할 수 있다.

11) Fare Basis

12) 최대 체류기간(Maximum Stay)

13) 1PC(Free Baggage Allowance)

승객이 적용받는 Fare Basis 기준으로 허용되는 무료 수하물이 기재된다.

Piece System과 Weight System을 적용하여 기재한다.

14) FARE(Shown Fare)

15) TOTAL(Shown + Tax)

16) FARE CALCULATION(/FC : 운임기록)

항공권의 실제 운임계산 내역을 기재하는 란으로서 여행하는 동안 관련 Staff들이 해당 내용을 정확히 판독할 수 있도록 해야 한다. 특히 항공사 간의 정산 시에도 이 부분의 내용이 중요한 참조자료가 되므로 숫자에 의해 작성하도록 한다.

17) FORM OF PAYMENT

18) TOUR CODE 항공사 해당운임의 판매가 승인번호(AUTH 번호) 기재

19) RESTRICTIONS / ENDORSEMENTS (예: NON-ENDORSABLE)

20) 세부 Tax 조회 시 TWD/TAX ENTRY 사용해서 조회

6 항공권 발행 실습

다양한 승객의 여정에 따른 E-TICKETING 발행과정을 Case별로 정리하였다.

```
 --- TST RLR ---

RP/SELK1394Z/SELK1394Z          AA/GS   9JAN19/0601Z   26G5ID
1636-7377
  1.NA/YOUNGSEOKMR
  2  KE 907 E 01SEP 4 ICNLHR HK1  1305 1630  01SEP  E  KE/26G5ID
  3  KE 908 E 01SEP 4 LHRICN HK1  2005 1600  02SEP  E  KE/26G5ID
  4 AP SEL 1566-0014 - TOPAS TRAINING UNIVERSITY - A
  5 TK OK09JAN/SELK1394Z//ETKE
  6 FA PAX 180-9354691333/ETKE/09JAN16/SELK1394Z/00039911/S2-3
  7 FB PAX 0900018895 TTP/RT OK ETICKET/S2-3
  8 FE PAX NONENDS. RISS CHRG APPLY-KRW120000. RFND PNTY
       APPLY-KRW200000. NO MILE UG./S2-3
  9 FM *M*0N
 10 FP CASH


 11 FT *6SEQIINE
 12 FV PAX KE/S2-3


> TWD

TKT-1809354691333       RCI-                    1A LOC-26G5ID
 OD-SELSEL  SI-     FCMI-1   POI-SEL  DOI-09JAN19  IOI-00039911
   1.NA/YOUNGSEOKMR          ADT       ST  N
 1 O ICNLHR     KE   907 E 01SEP 1305 OK O     EKXEKU
                                                01SEP 1PC
 2 O LHRICN     KE   908 E 01SEP 2005 OK O     EKXEKU
                                                01SEP 1PC
FARE   N KRW     1300000     P KRW      1550000
```

```
TOTALTAX KRW        229100
TOTAL    KRW      1529100        KRW      1779100
/FC SEL KE LON659.42KE SEL659.42NUC1318.84END ROE1175.264000
FE NONENDS. RISS CHRG APPLY-KRW120000. RFND PNTY APPLY-KRW200000
. NO MILE UG.
FP CASH
FT 6SEQIINE
NON-ENDORSABLE
FOR TAX/FEE DETAILS USE TWD/TAX
NET REPORTING IT/BT
```

```
 --- RLR ---

RP/SELK1394Z/SELK1394Z             AA/GS   9JAN19/0715Z   26G7YG
6446-7859
  1.KIM/SUNGINMS(INFNA/BABYMISS/24DEC15)
  2  KE 643 E 01SEP 4 ICNSIN HK1  1420 1930  01SEP  E  KE/26G7YG
  3  KE 644 E 07SEP 3 SINICN HK1  2235 0555  08SEP  E  KE/26G7YG
  4 AP SEL 1566-0014 - TOPAS TRAINING UNIVERSITY - A
  5 TK OK09JAN/SELK1394Z
  6 SSR INFT KE HK1 NA/BABYMISS 24DEC15/S2
  7 SSR INFT KE HK1 NA/BABYMISS 24DEC15/S3
  8 SSR BBML KE HK1/S2
  9 SSR BBML KE HK1/S3
 10 OPW SELK1394Z-22JAN:1900/1C7/KE REQUIRES TICKET ON OR BEFORE
       23JAN:1900/S2-3
 11 OPC SELK1394Z 23JAN:1900/1C8/KE CANCELLATION DUE TO NO
       TICKET/S2-3

> FXP
FXP

   PASSENGER         PTC    NP  FARE<KRW> TAX/FEE   PER PSGR
01 KIM/SUNGI*         ADT     1     590000   56600    646600
02 NA/BABYM*          IN      1      59000       0     59000

                 TOTALS    2     649000   56600    705600

1-2 LAST TKT DTE 12JAN16 - SEE ADV PURCHASE
1-2 100000 KRW PENALTY APPLIES

> ER
```

```
--- TST RLR ---

RP/SELK1394Z/SELK1394Z          AA/GS   9JAN19/0715Z   26G7YG
6446-7859
  1.KIM/SUNGINMS(INFNA/BABYMISS/24DEC15)
  2  KE 643 E 01SEP 4 ICNSIN HK1  1420 1930  01SEP  E  KE/26G7YG
  3  KE 644 E 07SEP 3 SINICN HK1  2235 0555  08SEP  E  KE/26G7YG
  4 AP SEL 1566-0014 - TOPAS TRAINING UNIVERSITY - A
  5 TK OK09JAN/SELK1394Z
  6 SSR INFT KE HK1 NA/BABYMISS 24DEC15/S2
  7 SSR INFT KE HK1 NA/BABYMISS 24DEC15/S3
  8 SSR BBML KE HK1/S2
  9 SSR BBML KE HK1/S3
 10 OPW SELK1394Z-22JAN:1900/1C7/KE REQUIRES TICKET ON OR BEFORE
        23JAN:1900/S2-3
 11 OPC SELK1394Z-23JAN:1900/1C8/KE CANCELLATION DUE TO NO
        TICKET/S2-3
 12 FE PAX NONENDS. RISS CHRG APPLY-KRW70000. RFND PNTY
       APPLY-KRW100000. NO MILE UG./S2-3
 13 FE INF NONENDS. RISS CHRG APPLY-KRW70000. RFND PNTY
       APPLY-KRW100000. NO MILE UG./S2-3
 14 FV PAX KE/S2-3
*TRN*

> TTN/D100000/T1

TST00001        SELK1394Z  AA/09JAN19  B  1  LD  12JAN16  OD  SELSEL  SI

T-
FXP
   1.KIM/SUNGINMS
 1   ICN KE  643 E 01SEP 1420  OK ELEKS              01MAR 1PC
 2 O SIN KE  644 E 07SEP 2235  OK ELEKS              01MAR 1PC
     ICN
      P KRW    590000
      N KRW    490000                  D/C    KRW    100000
FARE  F KRW    490000
TX001  X  KRW   28000-BPDP  TX002  X  KRW      16700-SGAD  TX003  X  KRW
5200-OPAE
TX004 X KRW  6700-OOSE
```

```
TOTAL   KRW    546600
GRAND TOTAL KRW     546600
SEL     KE     SIN251.00KE     SEL251.00NUC502.00END     ROE1175.264000

SIA/N//////N/////

 12.FE  NONENDS.  RISS  CHRG  APPLY-KRW70000.  RFND  PNTY  APPLY-KRW100

000. NO MILE UG.
 14.FV KE


> FM 0N
> FP CASH

--- TST RLR ---
RP/SELK1394Z/SELK1394Z              AA/GS   9JAN19/0718Z   26G7YG
6446-7859
  1.KIM/SUNGINMS(INFNA/BABYMISS/24DEC15)
  2  KE 643 E 01SEP 4 ICNSIN HK1  1420 1930  01SEP  E  KE/26G7YG
  3  KE 644 E 07SEP 3 SINICN HK1  2235 0555  08SEP  E  KE/26G7YG
  4 AP SEL 1566-0014 - TOPAS TRAINING UNIVERSITY - A
  5 TK OK09JAN/SELK1394Z
  6 SSR INFT KE HK1 NA/BABYMISS 24DEC15/S2
  7 SSR INFT KE HK1 NA/BABYMISS 24DEC15/S3
  8 SSR BBML KE HK1/S2
  9 SSR BBML KE HK1/S3
 10 OPW SELK1394Z-11JAN:1900/1C7/KE REQUIRES TICKET ON OR BEFORE
       12JAN:1900/S2-3
 11 OPC SELK1394Z-12JAN:1900/1C8/KE CANCELLATION DUE TO NO
       TICKET/S2-3
 12 FE PAX NONENDS. RISS CHRG APPLY-KRW70000. RFND PNTY
      APPLY-KRW100000. NO MILE UG./S2-3
 13 FE INF NONENDS. RISS CHRG APPLY-KRW70000. RFND PNTY
      APPLY-KRW100000. NO MILE UG./S2-3
 14 FM *M*0N

> TTP/RT
OK ETICKET

> RT
```

```
--- TST RLR ---

RP/SELK1394Z/SELK1394Z          AA/GS   9JAN19/0722Z   26G7YG
6446-7859
  1.KIM/SUNGINMS(INFNA/BABYMISS/24DEC15)
  2  KE 643 E 01SEP 4 ICNSIN HK1  1420 1930  01SEP  E  KE/26G7YG
  3  KE 644 E 07SEP 3 SINICN HK1  2235 0555  08SEP  E  KE/26G7YG
  4 AP SEL 1566-0014 - TOPAS TRAINING UNIVERSITY - A
  5 TK OK09JAN/SELK1394Z//ETKE
  6 TK PAX OK09JAN/SELK1394Z//ETKE/S2-3
  7 SSR INFT KE HK1 NA/BABYMISS 24DEC15/S2
  8 SSR INFT KE HK1 NA/BABYMISS 24DEC15/S3
  9 SSR BBML KE HK1/S2
 10 SSR BBML KE HK1/S3
 11 FA PAX 180-9354691334/ETKE/09JAN16/SELK1394Z/00039911/S2-3
 12 FA INF 180-9354691335/ETKE/KRW59000/09JAN16/SELK1394Z/000399
       11/S2-3
 13 FB PAX 0900018896 TTP/RT OK ETICKET/S2-3
 14 FB INF 0900018897 TTP/RT OK ETICKET/S2-3
 15 FE PAX NONENDS. RISS CHRG APPLY-KRW70000. RFND PNTY
      APPLY-KRW100000. NO MILE UG./S2-3
 16 FE INF NONENDS. RISS CHRG APPLY-KRW70000. RFND PNTY
*TRN*


> TWD/L11

TKT-1809354691334       RCI-                    1A LOC-26G7YG
 OD-SELSEL  SI-      FCMI-1   POI-SEL  DOI-09JAN19  IOI-00039911
   1.KIM/SUNGINMS              ADT       ST  N
 1 O ICNSIN     KE   643 E 01SEP 1420 OK O     ELEKS
                                                01MAR 1PC
 2 O SINICN     KE   644 E 07SEP 2235 OK O     ELEKS
                                                01MAR 1PC
FARE   N KRW       490000     P KRW       590000
TOTALTAX KRW        56600
TOTAL    KRW       546600       KRW       646600
/FC SEL KE SIN251.00KE SEL251.00NUC502.00END ROE1175.264000
FE NONENDS. RISS CHRG APPLY-KRW70000. RFND PNTY APPLY-KRW100000.
 NO MILE UG.
FP CASH
NON-ENDORSABLE
FOR TAX/FEE DETAILS USE TWD/TAX
```

```
> TWD/TKT180-9354691335

TKT-1809354691335        RCI-                   1A LOC-26G7YG
 OD-SELSEL  SI-      FCMI-0   POI-SEL  DOI-09JAN16  IOI-00039911
   1.NA/BABYMISS                INF       ST  N
 1 O ICNSIN     KE   643 E 01SEP 1420 NS O     ELEKS/IN90
                                                01MAR 1PC
 2 O SINICN     KE   644 E 07SEP 2235 NS O     ELEKS/IN90
                                                01MAR 1PC
FARE   F KRW        59000
TOTAL    KRW        59000
/FC SEL KE SIN25.10KE SEL25.10NUC50.20END ROE1175.264000
FE NONENDS. RISS CHRG APPLY-KRW70000. RFND PNTY APPLY-KRW100000.
 NO MILE UG.
FP CASH
NON-ENDORSABLE
*TRN*
```

7 Revalidation

1) Revalidation이란?

E-Ticket 발권 후 Fare에 영향을 미치지 않는 단순한 날짜 변경이나 편명 변경 시 항공권을 새발행하지 않고, 변경된 PNR의 정보와 기존에 발행된 E-Ticket Data Base를 일치시키는 작업이다. Booking Class 및 구간이 다른 경우 Revalidation은 원칙적으로 불가하며, 항공사마다 Revalidation 허용여부도 상이하다.

(1) Revalidation이 가능한 발행조건

① 예약 변경에 따른 운임변동이 없으며 예약변경(Revalidation)을 허용해야 한다.

② 첫 번째 Coupon 변경 시 운임변동, 예약변경 허용유무와 관계없이 재발행한다.

③ 첫 번째 Coupon을 제외한 나머지 Coupon은 Min/Max 내에서 재발행한다.

④ Revalidation 시 이름, 여정, 운임, Tax, 항공사가 동일해야 한다.

⑤ Revalidation 시 Coupon status는 O(Open) 또는 A(Airpor Control)만 가능하다.

☞ Revalidation에 따른 Penalty가 존재할 경우, 재발행하는 것이 원칙이다. 단, 항공사에 따라 별도의 규정은 적용될 수 있다.

2) Revalidation 절차

> ① 항공사 Revelidation 허용 여부 확인 : HE ETT KE (KE/항공사코드)
> ② PNR조회 및 예약변경 하기
> ③ E-Ticket 이미지 확인 : TWD
> ④ 운임의 Penalty 규정 확인
> ⑤ Revalidation 하기 : TTP/ETRV/S3/L12/E2
> (TTP/ETRV : Revalidation 지시, S3: PNR SEG 3번, L12: PNR의 FA Line 번호12 , E2: E Ticket Coupon번호) velida

3) Revalidation 적용

(1) Revalidation 절차

① 항공사 Revelidation 허용 여부 확인 : HE ETT KE (KE/항공사코드)

```
>HE ETT KE
KE   E TICKET            EN  19APR13 0141Z

 MARKET                                              REFERENCE
 ------                                               ----------
 JP ES FR IN NO SG SE TH GB IT NL SK IE NZ CH   TW TR  MS22
 AU BE DK MY PH CA CZ HK LU MH MP PW GU HU FM   ID MO
 AD GF GP MQ RE IS SC SI MX BR RU HR CY PT EG   FI VN
 MN QA OM BH AE UA PE MT CL BO KE KZ KG CO NG   ZA LK
 EE LT LV RO BG AR NPKR

 DE AT                                                 MS64
 US                                                    MS106

>MS22
                        KE E TICKET            EN    19APR13 0141Z
KE   ELIGIBILITY RULES FOR E TICKETING IN THE FOLLOWING
MARKETS:
JP   ES FR IN NO SG SE TH GB IT NL SK IE NZ CH TW TR  MS22
AU   BE DK MY PH CA CZ HK LU MH MP PW GU HU FM ID MO
AD   GF GP MQ RE IS SC SI MX BR RU HR CY PT EG FI VN
MN   QA OM BH AE UA PE MT CL BO KE KZ KG CO NG ZA LK
EE   LT LV RO BG AR NPKR

 (Y - SUPPORTED, N - NOT SUPPORTED)
 ABP ALLOWED              :N   FOID MANDATORY               :N
 INF TICKET ALLOWED       :Y   MAX NUMBER OF PASSENGERS     :99
 UMNR TICKET ALLOWED      :Y   GROUP PNRS ALLOWED           :Y
<중략>
```

```
EXCHANGES   ALLOWED:        E-TKT TO E-TKT:Y
                          E-TKT TO PAPER:Y
                          PAPER TO E-TKT:N
 DISPLAY :                 /ORG: Y       /TVL: Y
                         /FTI: Y       /FLT: Y
                         /FOP: Y       /RCI: Y
                         /TKT: Y      /FOID: N
 HISTORY                   :N     REVALIDATION        :Y
 PRINT                     :N     REFUND              :Y
 VOID                      :Y     VOID EXCHANGE/REISSUE  :N
 CANCEL REFUND             :N

 NOTE: FOR INFORMATION ABOUT GENERAL   CONDITIONS AND FORMATS
 FOR E TICKETING IN AMADEUS, ENTER: HE ETT
```

② PNR 조회

```
>RT23637748
-- TST RLR ---
RP/SELK13UA3/SELK13UA3           AA/SU  18JUN19/0305Z
ZTE5PY
2363-7748
  1.LEE/SUNMI MS
  2  KE 657 M 10DEC 2 ICNBKK HK1          0735 1150   *1A/E*
  3  KE 654 M 20DEC 5 BKKICN HK1          0015 0720   *1A/E*
  4 AP 02-751-7777 DANANA TOUR
  5 AP SEL TBA - TOPAS USER ACCEPTANCE TESTS TICKETING - A
  6 TK OK18JUN/SELK13UA3//ETKE
  7 RC SELK13UA3-W/FFO0
  8 RM THE TRIP IS INTERNATIONAL
  9 RM ENJOY YOUR TRIP IN TH
 10FAPAX180-5950000595/ETKE/KRW1130700/18JUN13/SELK13UA
   17320004/S2-3
 11 FB PAX 1800000536 TTP/RT OK ETICKET/S2-3
 12 FP CASH
 13 FV PAX KE/S2-3
```

③ 복편구간 12월 24일로 예약변경

```
>SB24DEC3
--- TST RLR ---
RP/SELK13UA3/SELK13UA3          AA/SU  18JUN19/0305Z
ZTE5PY
7744-6045
  1.LEE/SUNMI MS
  2  KE   657 M 10DEC 2 ICNBKK HK1        0735   1150   787
  3  KE   654 M 24DEC 2 BKKICN HK1        0015   0720   773 B
  4  AP 02-751-7777 SM TOUR
  5 AP SEL TBA - TOPAS USER ACCEPTANCE TESTS TICKETING - A
  6 TK OK18JUN/SELK13UA3//ETKE
  7 RC SELK13UA3-W/FFO0
  8 RM THE TRIP IS INTERNATIONAL
  9 RM ENJOY YOUR TRIP IN TH
 10 FA AX180-5950000595/ETKE/KRW1130700/18JUN13/SELK13UA3
    17320004/S2
```

④ 항공권 이미지 조회

```
>TWD
TKT-1805950000595        RCI-                       1A
LOC-ZTE5PY
 OD-SELSEL  SI-      FCMI-0   POI-SEL  DOI-18JUN13
IOI-17320004
   1.LEE/SUNMI MS                ADT        ST  N
 1 O ICNBKK     KE    657 M 10DEC 0735 OK O     MHEEKR 10DEC 1PC
 2 O BKKICN     KE    654 M 20DEC 0015 OK O     MHEEKR10DEC 1PC
FARE   F KRW      1077000
TOTALTAX KRW        53700
TOTAL    KRW      1130700
/FC SEL KE BKK Q58.00 400.02KE SEL Q58.00 400.02NUC916.04END
ROE1175.686000
FP CASH
NON-ENDORSABLE
FOR TAX/FEE DETAILS USE TWD/TAX
```

☞ EOT 전까지는 현재 예약정보와 E Ticket Coupon 2의 변경날짜가 불일치 상태임

⑤ Penalty 규정 확인

```
>FQDSELBKK/D10DEC/AKE
ROE    1175.686 UP TO 100.00 KRW
10DEC13**10DEC13/KE   SELBKK/NSP;EH/TPM  2286/MPM  2743
LN   FARE BASIS   OW   KRW    RT   B PEN  DATES/DAYS   AP MIN MAX
01   ROW         1651700          R  -      -      -      -    -  -  M
02   RRT                   3003000 R  -      -      -      -    -  -  M
14   BHEEKR                1160200 M  +   S27NOV 29FEB  -     -    12M
15 MHEEKR                  940600 M  +  S27NOV    29FEB -    -     12M

>
FQN15//PE
FQN15//PE
**  RULES DISPLAY  **                   TAX MAY APPLY
                                     SURCHG   MAY APPLY-CK RULE
10DEC13**10DEC13/KE   SELBKK/NSP;EH/TPM  2286/MPM  2743
LN   FARE BASIS   OW  KRW   RT   B PEN  DATES/DAYS  AP MIN MAX R
15   MHEEKR             940600   M  +  S27NOV  29FEB   -  -  12M R
CHANGES
    ANY TIME
      CHANGES   PERMITTED FOR REVALIDATION.
      CHARGE KRW 50000 FOR REISSUE.
         NOTE -
          1/ WHEN CHANGES MADE TO THE 1ST   FLIGHT COUPON
              - NEW TICKET SHOULD BE ISSUED   BASED ON THE
                IROE/FUEL SURCHARGE/FARE   LEVEL/FARE RULES/
                TAXES/CURRENCY OF THE DATE   WHEN TICKET
                BEING EXCHANGED
```

☞ 변경 수수료 지불 없이 Revalidation 가능하다.

⑥ Revalidation 실행 : TTP/ETRV/S3/L10/E2

TTP/ETRV : 기본 ENTRY

S 3 : PNR에 있는 SEG 번호

L10 : PNR에 있는 FA항공권 Line 번호

E 2 : TKT Image 상의 Coupon 번호

```
> TTP/ETRV/S3/L10/E2

OK PROSECCED
> RT 23637748

--- TST RLR ---
RP/SELK13UA3/SELK13UA3            AA/SU  18JUN19/0305Z   ZTE5PY
7744-6045
RF
  1.LEE/SUNMI MS
  2  KE 657 M 10DEC 2 ICNBKK HK1     0735 1150    *1A/E*
  3  KE 654 M 24DEC 2 BKKICN HK1     0015 0720    773 E 0 B
     BKK APO KE CHKIN COUNTER NBR.
     6J K L M OF 6TH ROW 3RD FL OF TERM1.
     SEE RTSVC
  4 AP 02-751-7777 BANANA TOUR
  5 AP SEL TBA - TOPAS USER ACCEPTANCE TESTS TICKETING - A
  6 TK OK18JUN/SELK13UA3//ETKE
12 FA PAX
180-5950000595/ETKE/KRW1130700/18JUN13/SELK13UA3/17320004/S2

> TWD
TKT-1805950000595       RCI-                        1A LOC-ZTE5PY
 OD-SELSEL  SI-      FCMI-0   POI-SEL  DOI-18JUN13
IOI-17320004
   1.GO/RIRAMS                  ADT       ST  N
 1 O ICNBKK  KE   LEE/SUNMI MS 657 M 10DEC 0735 OK O     MHEEKR
                                                 10DEC 1PC
 2 O BKKICN  KE   654 M 24DEC 0015 OK O      MHEEKR
                                                 10DEC 1PC
FARE   F KRW      1077000
TOTALTAX KRW        53700
TOTAL    KRW      1130700
/FC SEL KE BKK Q58.00 400.02KE SEL Q58.00 400.02NUC916.04END
ROE1175.686000
FP CASH
NON-ENDORSABLE
FOR TAX/FEE DETAILS USE TWD/TAX
```

☞ Revalidation 이후 PNR과 E-Ticket coupon 2의 정보가 일치됨

(2) Revalidation 적용

Case 1. E Ticket 번호 Association하여 Revalidation 하기

☞ 승객요청 : 돌아오는 구간의 날짜를 12/24 → 12/30로 변경 요청하여, 변경된 예약에 대해 새로운 PNR로 생성하였고, New PNR에는 기존 발권된 Ticket 번호가 (Association)되지 않은 상태이다.

☞ 기존 발권 E Ticket번호 : 180-5950000595

① 항공사 허용 여부 확인
② PNR조회
③ E Ticket 번호로 이미지 불러오기
④ PNR에 E Ticket 번호 Association 하기
⑤ PNR에서 E Ticket 이미지 확인 : TWD
⑥ 운임의 Penalty 규정 확인
⑦ Revalidation 하기: TTP/ETRV/S1/L10/E2

① 항공사 Revelidation 허용 여부 확인 : HE ETT KE (KE/항공사코드)

```
>HE ETT KE
KE   E TICKET              EN  19APR19      0141Z

 MARKET                                         REFERENCE
 ------                                         ---------
 JP ES FR IN NO SG SE TH GB IT NL SK IE NZ CH   TW TR MS22
 AU BE DK MY PH CA CZ HK LU MH MP PW GU HU FM   ID MO
 AD GF GP MQ RE IS SC SI MX BR RU HR CY PT EG   FI VN
 MN QA OM BH AE UA PE MT CL BO KE KZ KG CO NG   ZA LK
 EE LT LV RO BG AR NP KR

 DE AT                                             MS64
 US                                                MS106

>MS22
                     KE E TICKET           EN    19APR13 0141Z
KE   ELIGIBILITY RULES FOR E TICKETING IN THE FOLLOWING
MARKETS:
JP   ES FR IN NO SG SE TH GB IT NL SK IE NZ CH TW TR MS22
AU   BE DK MY PH CA CZ HK LU MH MP PW GU HU FM ID MO
AD   GF GP MQ RE IS SC SI MX BR RU HR CY PT EG FI VN
MN   QA OM BH AE UA PE MT CL BO KE KZ KG CO NG ZA LK
EE   LT LV RO BG AR NP KR

 (Y - SUPPORTED, N - NOT SUPPORTED)
 ABP ALLOWED                :N   FOID MANDATORY                :N
 INF TICKET ALLOWED         :Y    MAX NUMBER OF PASSENGERS :99
 UMNR TICKET ALLOWED        :Y    GROUP PNRS ALLOWED           :Y
<중략>

EXCHANGES   ALLOWED:        E-TKT TO E-TKT:Y
                            E-TKT TO PAPER:Y
                            PAPER TO E-TKT:N
 DISPLAY :              /ORG: Y      /TVL: Y
                       /FTI: Y      /FLT: Y
                       /FOP: Y      /RCI: Y
                       /TKT: Y     /FOID: N
 HISTORY                  :N     REVALIDATION              :Y
 PRINT                    :N     REFUND                    :Y
 VOID                     :Y     VOID EXCHANGE/REISSUE  :N
 CANCEL REFUND            :N
```

```
NOTE: FOR INFORMATION ABOUT GENERAL   CONDITIONS AND FORMATS
FOR E TICKETING IN AMADEUS, ENTER: HE ETT
```

② NEW PNR 조회

```
> RT29962194
--- RLR ---
RP/SELK13UA3/SELK13UA3             AA/SU  18JUN19/0346Z
ZTFLMK
2996-2194
1.LEE/SUNMI MS
2  KE 654 M 30DEC 1 BKKICN HK1          0015 0720   *1A/E*<중략>
```

☞ 생성된 New PNR은 현재 E-Ticket 번호가 Association되어 있지 않은 상태임

③ E-Ticket 이미지 불러 오기

```
>TWD/TKT180-59500000595
TKT-1805950000595        RCI-                     1A LOC-ZTE5PY
 OD-SELSEL  SI-      FCMI-0   POI-SEL  DOI-18JUN19
IOI-17320004
   1.LEE/SUNMI MS                ADT        ST  N
 1 O ICNBKK     KE    657  M 10DEC 0735 OK O      MHEEKR 10DEC 1PC
 2 O BKKICN     KE    654  M 24DEC 0015 OK O      MHEEKR 10DEC 1PC
FARE   F KRW      1077000
TOTALTAX KRW        53700<중략>
```

☞ TKT 번호 조회를 이용해 이전에 발행된 TKT 이미지 조회

④ PNR에 E-Ticket 번호 Association하기

```
>FHE180-59500000595/C2/S3/P1
TICKET REVALIDATION/REISSUE IS RECOMMENDED
RP/SELK13UA3/SELK13UA3             AA/SU  18JUN19/0346Z   ZTFLMK
2996-2194
  1.KIM/SOYUL MS
2  KE 654 M 30DEC 1 BKKICN HK1          0015 0720   *1A/E*
<중략>
10 FHE 180-5950000595/C2/S3/P1
```

☞ 이제 PNR의 10번 Line에 E-Ticket 번호가 연결되었으며, 'TICKET REVALIDATION/REISSUE IS RECOMMENDED' 메시지가 PNR 상단에 표시되었다.

⑤ PNR의 Line 번호 이용 E-Ticket 이미지 조회하기

```
>TWD

TKT-1805950000595        RCI-                  1A LOC-ZTE5PY
 OD-SELSEL  SI-      FCMI-0   POI-SEL  DOI-18JUN13
IOI-17320004
 1.KIM/SOYUL MS                ADT        ST  N
 1 O ICNBKK     KE    657 M 10DEC 0735 OK O     MHEEKR 10DEC 1PC
 2 O BKKICN     KE    654 M 24DEC 0015 OK O     MHEEKR 10DEC 1PC
FARE    F KRW      1077000
TOTALTAX KRW         53700
TOTAL    KRW       1130700
/FC SEL KE BKK Q58.00 400.02KE SEL Q58.00 400.02NUC916.04END
ROE1175.686000
FP CASH
NON-ENDORSABLE
FOR TAX/FEE DETAILS USE TWD/TAX
```

☞ E-Ticket 이미지를 조회하였고, 현재 예약 정보와 E-Ticket Coupon 2의 여정정보는 불일치 상태이다.

⑥ Penalty 규정 확인

```
>FQDSELBKK/D10DEC/AKE
ROE   1175.686 UP TO 100.00 KRW
10DEC13**10DEC18/KE   SELBKK/NSP;EH/TPM  2286/MPM  2743
LN   FARE BASIS  OW KRW  RT    B PEN  DATES/DAYS  AP MIN MAX
01   ROW        1651700        R  -     -     -     -  -   -   M
02   RRT                3003000  R  -     -     -     -  -   -   M
14   BHEEKR             1160200  M  +   S27NOV  29FEB  -     -  12M
15 MHEEKR                940600  M  +   S27NOV  29FEB  -     -  12M

>FQN15//PE
FQN15//PE
**  RULES DISPLAY  **                    TAX MAY APPLY
                                      SURCHG   MAY APPLY-CK RULE
10DEC13**10DEC18/KE   SELBKK/NSP;EH/TPM  2286/MPM  2743
LN   FARE BASIS    OW  KRW    RT   B PEN  DATES/DAYS   AP MIN MAX R
15   MHEEKR             940600 M   +  S27NOV  29FEB    -  -   12M  R
CHANGES
   ANY TIME
     CHANGES   PERMITTED FOR REVALIDATION.
     CHARGE KRW 50000 FOR REISSUE.
        NOTE -
         1/ WHEN CHANGES MADE TO THE 1ST   FLIGHT COUPON
             - NEW TICKET SHOULD BE ISSUED   BASED ON THE
              IROE/FUEL SURCHARGE/FARE   LEVEL/FARE RULES/
              TAXES/CURRENCY OF THE DATE   WHEN TICKET
              BEING EXCHANGED
```

☞ Revalidation 이후 PNR과 E-Ticket Coupon 2의 정보가 일치됨

⑦ Revalidation Entry 실행 : TTP/ETRV/S2/L10/E2

TTP/ETRV : 기본 ENTRY

S 2 : PNR에 있는 SEG 번호

L10 : PNR에 있는 FA항공권 Line 번호

E 2 : TKT Image 상의 Coupon 번호

```
>TTP/ETRV/S2/L10/E2

OK PROSECCED
>RT29962194
--- RLR ---
RP/SELK13UA3/SELK13UA3            OC/PR  18JUN19/0408Z
ZTFLMK
2996-2194
  1.KIM/SOYUL MS
  2  KE 654 M 30DEC 1 BKKICN HK1          0015 0720   *1A/E*
  3 AP 02-751-9999 HAPPY TRAVEL
  8 FA PAX
180-5950000595/ETKE/18JUN13/SELK13UA3/17320004/S2<중략>
>TWD
TKT-1805950000595       RCI-                       1A LOC-ZTFLMK
 OD-SELSEL  SI-      FCMI-0   POI-SEL  DOI-18JUN13
IOI-17320004
   1.KIM/SOYUL MS             ADT      ST  N
 1 O ICNBKK     KE   657 M 10DEC 0735 OK  O     MHEEKR10DEC 1PC
 2 O BKKICN     KE   654 M 30DEC 0015 OK  O     MHEEKR10DEC 1PC
FARE    F KRW      1077000
TOTALTAX KRW         53700
TOTAL    KRW       1130700
/FC SEL KE BKK Q58.00 400.02KE SEL Q58.00
400.02NUC916.04END ROE
1175.686000
FP CASH
NON-ENDORSABLE
FOR TAX/FEE DETAILS USE TWD/TAX
```

☞ Revalidation 이후 PNR과 E-Ticket coupon 2의 정보가 일치됨

8 판매보고

1) Sales Reports

■ 그래픽 모드(GUI)

기본 페이지 → 도구 → 판매 Report → TQJ 또는 선택 또는 TJT 선택

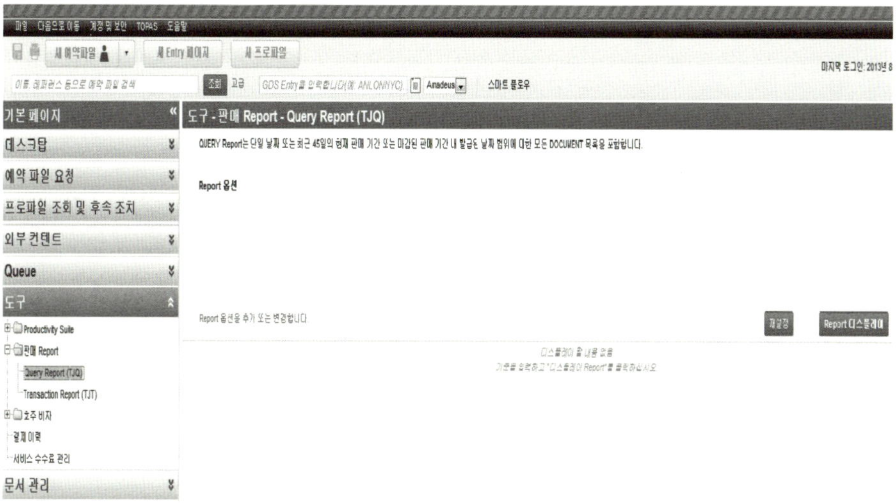

- TJQ Option 변경 시 → [Report 옵션을 추가 또는 변경합니다] 선택하여 옵션 변경

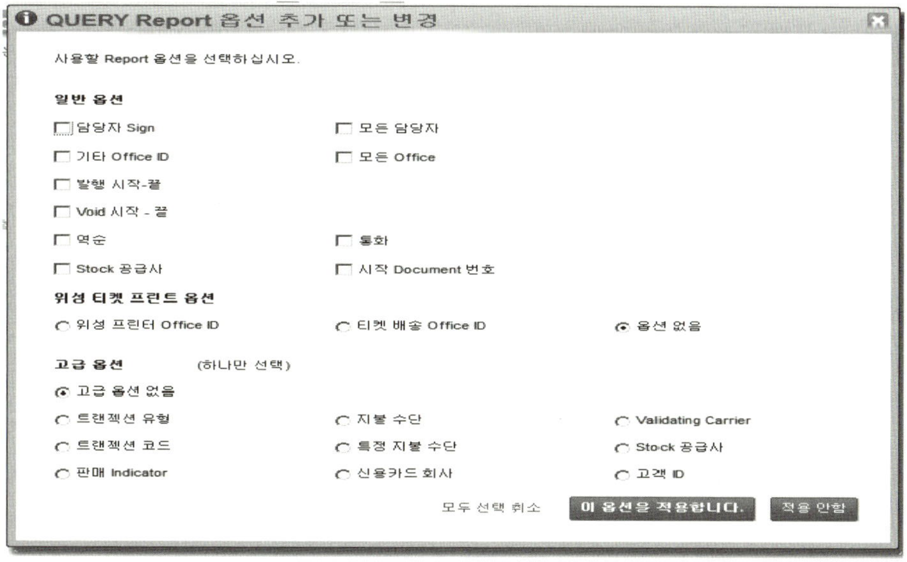

- TJT 조회 → Document 번호로 조회되도록 되어 있으니 항공번호로 조회하고자 할 경우 → [Report옵션을 추가 또는 변경합니다] 선택하여 항목번호로 변경

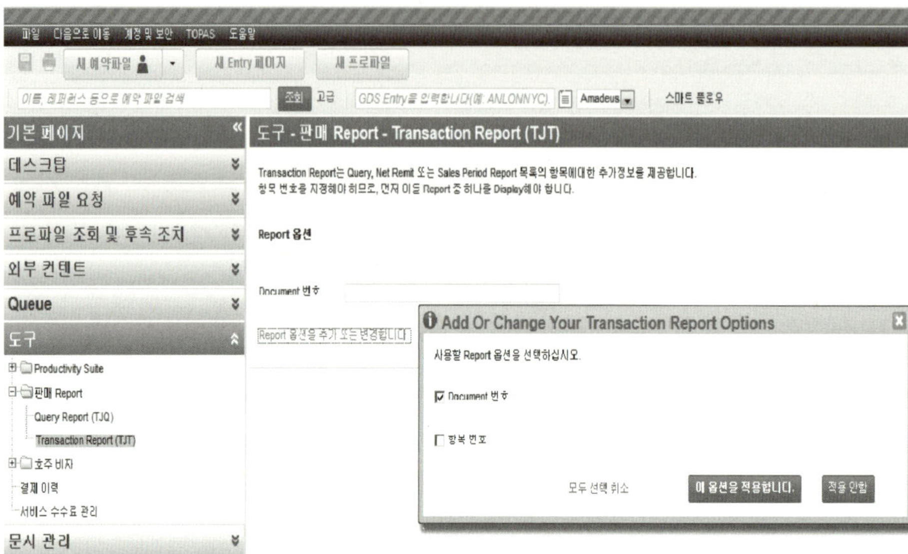

가. 종류별 Sales Report Display

SALES REPORT	설명	ENTRY
Daily Report	해당일의 Form of payment별 Sales/Refund summary	TJD
Query Report	해당일에 발권된 모든 항공권 List	TJQ
Net Remit Report	NEGO,IT,Net Remit 방식으로 발권된 모든 항공권 List	TJN
Transaction Report	Query report에서 특정 항공권의 상세 Ticketing 정보조회	TJT
History Report	해당 항공권의 Sales report 관련 History	TJH
Summary Sales Period Report	해당일의 Form of payment별 Sales/Refund summary (Daily Report와 동일)	TJS
Item Sales Period Report		TJI

나. SALES REPORT DEFAULT VALUE

- 해당 Office Data 기준

- 해당 Agent Sign 기준
- Daily Sales Reports(TJD, TJQ, TJN)는 오늘 기준
- Sales Period Reports(TJI)는 현재의 Sales Period 기준

다. 종류별 Sales Report Option

Option	Requests	Sample Entry	TJD	TJQ	TJX	TJN	TJI
/SAS-	For another agent within the same office	TJQ/SAS-9812CN	O	O	O	O	O
/SOF	For all agents in the office For all agents within another office	TJQ/SOF TJQ/SOF-MIALT0005	O	O	O	O	O
/SAN	For all offices sharing the same agency IATA number	TJQ/SAN	O	O	O	O	O
/D-	For a specific date or a date range	TJQ/D-18MAR TJQ/D-18MAR20MAR	O	O	O	O	
/H-	For a closed sales period 'N' periods ago (1 is the most recent first)	TJI/H-1					O
/HNU-	For a closed sales period by report number	TJI/HNU-369					O
/R	With documents displayed In reverse order (most recent first)	TJQ/R		O	O	O	
/T-	For all documents issued on dedicated airline stock This option is used by specific agencies only (General Sales Agents, SATA Ticketing agencies, and so on)	TJQ/T-LH	O	O	O	O	
/F-	Beginning with a specific document or sequence number	TJQ/F-9600015370		O		O	
/V	For all Voided (cancelled) documents today, for a specific date, or a date range	TJQ/V TJQ/V-21FEB21FEB TJQ/V-19FEB25FEB		O			
/N-	Tickets issued using an incentive ticketing method	TJQ/T-N		O			O
/QTC-	For the specific transaction type	TJQ/QTC-TKTT		O		O	
/QSF-	For all documents with a specific form of payment type	TJF/QSF-CHECK					

라. Daily Sales Report Header

```
AGY NO - 23205980 ❶    QUERY REPORT 08MAY ❷    CURRENCY EUR ❸
OFFICE - NCE1A098R ❹   SELECTION : ❺
AGENT - 0102BE ❻                               09 MAY 2009 ❼
```

① IATA number

② Report name and date (or date range)

③ Currency code

④ Office ID

⑤ Selection option

⑥ Agent sign

⑦ Date of today

2) Query Report

- 금일 기준 해당일 동안 발권 또는 환불한 모든 항공권 리스트
- 항공권을 Void 또는 Refund하고자 할 때 조회

TJQ

```
AGY NO - 38200901          QUERY REPORT 31MAR                  CURRENCY EUR
OFFICE - VRNIG2001         SELECTION :
AGENT - 0001AA                ❶                                31 MAR 2019
-----------------------------------------------------------------------------
SEQ NO A/L  DOC NUMBER  TOTAL DOC   TAX   FEE  COMM  FP  PAX NAME AS RLOC  TRNC
-❷-❸-❹--❺--------------------------------------------------------------❻--
000484*527   4117069151    338.95  27.95 20.00 16.95  CA  GSCHNELL AA 2B9OYR  TKTT
000485*191   4117069152    134.28  44.28  0.00  4.91  CA  RUDOLPH/ AA 2IC9UC  TKTT
000486*191   4117069153    142.37  42.37  0.00  5.45  CA  BELLUCO/ AA YUTPEL  TKTT
000487 191   4117069154    142.37  42.37  0.00  5.45  CA  FOLGHERA AA YUTPEL  TKTT
000490 191   4117069157    142.37  42.37  0.00  5.45  CA  GABRIELL AA YUTPEL  TKTT
000491 191   4117069158    142.37  42.37  0.00  5.45  CA  TAGLIAPI AA YUTPRF  TKTT
000492 191   4117069159    142.37  42.37  0.00  5.45  CA  SCOLA/LA AA ZQY7DK  TKTT
000495 191   4117069162    142.37  42.37  0.00  5.45  CA  SECCHI/A AA ZQY7DK  TKTT
>
```

① Header

② Document Sequence Number

③ Transaction Pending (blank) / Confirmed (*)

④ Airline Three Digit Code

⑤ Document Number (Ticket Number)

⑥ Transaction Type Code

〈응용 Entry〉

Entry	설 명
TJQ/D-12MAY	특정 날짜 지정 Query Report 조회
TJQ/D-12MAY15MAY	특정 Date Range Query Report 조회
TJQ/QTC-TKTT	특정 Transaction Code로 조회
TJQ/F-003866	특정 Document Sequence Number로 조회
TJQ/QTC-TKTT/D-12MAY	특정 Transaction Code와 날짜로 조회
TJQ/V	현재 Void 처리 완료 조회
TJQ/V-12MAY12MAY	특정날짜 Void 처리 완료 조회

TJD

- TJQ 조회 후 Transaction Report 확인
  (Ticket에 대한 자세한 내역 확인을 위해 조회)

TJT/I-483(483: SEQ 번호)

```
 ❶                                                   0.00 CREDIT
AGENCY   - 19475768            31 MAR 2019         1505.42 CASH
OFFID/AS - HELAY0102 MT MT    ITEM - 061686          93.21 TAX
DOC TYPE - ELEC TKT SALE      CURR - EUR             25.00 FEES
AL/PROV  - 105 - AY         STATUS - PENDING          0.00 COMM
DOCUMENT - 244575178-         ELEC TKT SALE            PNR 46Q4PP
 ❷
PASSENGER : BOLAND/JAMES MR
     TOUR :                          INVOICE :
     FOP1 : CA      1505.42 CASH
     FOP2 :
     FOP3 :
      TAX :        52.00YR        4.51DQ        36.70XT
      FEE : OBFCA      10.00
   FEETAX :          2.50VA
      FEE : OBT01      15.00
   FEETAX :          3.50VA
   ORIGIN :
PURCHASER :
FARE CALC : HEL  AY  FRA813.56AY  HEL813.56NUC1627.12END  ROE0.79..
AUTOMATED   T10.27FI19.88RA6.55DE
  PRICED
>
```

① TQJ Header 내용 그대로 보여짐

② Ticket Details

3) Daily Report

- 당일 업무 종료 시 본인의 Cash 시제 또는 신용카드 판매 금액 확인을 위해 조회

TJD

```
AGY NO - 23205980             DAILY REPORT 19MAY               CURRENCY EUR
OFFICE - NCE1A098R            ❶
AGENT - 0102BE                                                 09 MAY 2009
---------------------------------------------------------------------------
PAYMENTS X DOCUM                   SALES ❷       REFUNDS ❸       BALANCE ❹
---------------------------------------------------------------------------
FARE  AMOUNT  CA ❺             21433.00        2285.00-          19148.00
TAX   AMOUNT  CA                 543.84         106.72-            437.12
FEE   AMOUNT  CA                   0.00            0.00              0.00
DOC   AMOUNT  CA               21976.84        2391.72-          19585.12
COMM  AMOUNT  CA                883.43-          109.25            774.18-
REMIT AMOUNT  CA               21093.41        2282.47-          18810.94
---------------------------------------------------------------------------
FARE  AMOUNT  CC ❻              3279.00            0.00           3279.00
TAX   AMOUNT  CC                  80.00            0.00             80.00
FEE   AMOUNT  CC                  20.00            0.00             20.00
DOC   AMOUNT  CC                3379.00            0.00           3379.00
COMM  AMOUNT  CC                143.74-            0.00            143.74-
REMIT AMOUNT  CC                163.74-            0.00            163.74-
---------------------------------------------------------------------------
FARE  AMOUNT  TOT ❼            24712.00        2285.00-          22427.00
TAX   AMOUNT  TOT                623.84         106.72-            517.12
FEE   AMOUNT  TOT                 20.00            0.00             20.00
DOC   AMOUNT  TOT              25355.84        2391.72-          22964.12
COMM  AMOUNT  TOT               1027.17-         109.25            917.92-
REMIT AMOUNT  TOT              20969.67        2282.47-          18687.20
---------------------------------------------------------------------------
---------------------------------------------------------------------------
FORM OF PAYMENTS ❽                SALES         REFUNDS           BALANCE
CA/CASH                        16824.12        2391.72-          14432.40
CA/CHECK                        5152.72            0.00           5152.72
CC/CCDC                         3379.00            0.00           3379.00
---------------------------------------------------------------------------
---------------------------------------------------------------------------
DOCUMENT VOLUME ❾  ISSUED    CANCELLED          SOLD         AMT DOC SOLD
AUTO MCO                2            0             2               135.00
RFND                    3            1             2              2391.72
ELECTRONIC             11            0            11             25220.84
MANUAL TKT              1            1             0                 0.00
---------------------------------------------------------------------------
>
```

① Report Header

② 판매금액

③ 환불금액

④ 판매금액과 환불금액의 차액

⑤ 현금

⑥ 신용카드

⑦ 현금과 신용카드 total

⑧ Form of Payment별 구분

⑨ Document Type별 구분

4) Void

가. 조건

Sale이 마감되기 전에만 가능함. TJQ 화면상에 SEQ 번호 뒤 Blank로 되어 있는 경우가 Sale 마감 전이며 *가 보이는 경우는 Sales가 Confirm되어 Void 불가

나. Query Report(TJQ)에서만 Void

① TJQ에서의 Void

TJQ

Entry 화면 1

```
--------------------------------------------------------------------------------
SEQ NO A/L  DOC NUMBER  TOTAL DOC     TAX   FEE  COMM    AGENT FP    NAME AS TRNC
--------------------------------------------------------------------------------
000503*180  5950003011   2120700  28000     0     0  2120700 CA PEPEC/M AA CANX
001798*180  5950100196   2120700  28000     0     0  2120700 CA PEPEC/M AA CANX
001799*160  9700000035    852200  52800     0     0   852200 CA BLIER/A AA CANX
000504*160  5591001152    852200  52800     0     0   852200 CA BLIER/A AA CANX
001800*180  5950100197   2120700  28000     0     0  2120700 CA PEPEC/M AA TKTT
000505*180  5950003012   2120700  28000     0     0  2120700 CA PEPEC/M AA TKTT
001802 954  0110000336     43200      0     0     0    43200 CA BLIER/A AA TASF
001801 180  5950100197  -2120700 -28000     0     0 -2120700 CA PEPEC/M AA RFND
000506 180  5950003012  -2120700 -28000     0     0 -2120700 CA PEPEC/M AA RFND
000507*105  1819002044     20000      0     0     0    20000 CA BOOLE/G AA EMDS
001803 105  1819002136     20000      0     0     0    20000 CA BOOLE/G AA EMDS
001804 180  5950100198   1046800  53700     0     0  1046800 CA JOBS/ST AA TKTT
000508 180  5591001153   3064800 564800     0     0  3064800 CA TOPAS/T AA TKTT
```

TRDC/1804

```
> TRDC/1804
OK - DOCUMENT(S) CANCELLED
```

② 기타 Void 방법

PNR에서 Void	TRDC	PNR에 한 개의 TKT만 있는 경우
	TRDC/L7	PNR에 여러 개의 TKT이 있는 경우 FA/FH line번호 지정하여 Void
TKT번호로 Void	TRDC/TK-1234567890	

☞ Void Reinstate(취소)는 불가하다.

Chapter 3

BSP 업무

1 IATA(International Air Transport Association)의 이해

국제항공운송협회(IATA)는 순수 민간 국제 협력기구로서 국제 간의 항공운송을 원활하게 하고 항공사들이 항공운송 관련한 업무표준 제정 등을 통한 상호 협조를 위하여 창설된 국제기구이다. 1945년 쿠바 하바나(Havana)에서 항공운송의 안전과 신뢰 및 항공사 간의 협력과 항공 소비자의 경제적 이익 도모를 취지로 하여 설립되었다.

초기에는 유럽과 북미 지역 31개 국가의 57개 항공사로 시작하였으나 2012년 현재 전 세계 각 대륙 126개 국가의 240여 개 항공사를 회원을 두고 있으며 국제선 항공노선의 94%를 점유하고 있다.

IATA는 국제항공운송에 대한 항공운임의 결정, IATA 규정 제정 이외에도 국제선 항공권 판매대금 정산을 위한 BSP 업무(여객), 국제선 항공운송장 판매대금 정산을 취한 CASS 업무(화물) 그리고 대리점 인가 업무 등의 중요한 업무들이 있다.

항공관련 업무는 다음과 같다.

- Airline & Aircraft Operations
- Airport & Air Navigation Service
- Cargo
- Economics
- Passenger & Commercial activities
- Policies, Regulations & Standards
- Safety and Security
- Simplifying the Business
- Environment

1) IATA 인가 대리점(IATA Accredited Agent)

대리점 인가의 목적은 대리점이 국제선 항공권을 예약 발권하고 판매할 수 있다는 사실을 인증하는 것이다.

IATA 인가기준은 IATA RESOLUTION 810, SECTION 3, KOREA에 의한 재무 및 발권직원 자격, 영업장의 안전상태 등의 심사를 거쳐 승인되며, 각종 규정사항을 준수 및 인가사항을 유지함을 원칙으로 한다.

IATA 인가 여행사만이 BSP 가입 항공사의 국제선 표준항공권을 발권하여 판매할 수 있으며 BSP를 통해서 정산할 수 있다.

2) IATA 인가 대리점 CODE

IATA에 인가된 대리점에게는 IATA CODE를 부여하며 코드는 총 8자리 숫자로 이루어져 있다.

- 처음 두 자리는 국가(예: 한국 17, 일본 16, 호주 02 등)
- 다음 한 자리는 지역(예: 북미 1, 유럽, 중동, 아프리카 2, 아시아 3)
- 다음으로 오는 4자리 숫자가 통상 우리나라에서 간략하게 대리점 코드로 사용되며 항공권 신청 화면에 BSP ID로 사용된다.
- 마지막 한 자리 숫자는 앞자리를 확인하는 컴퓨터용 체크 수이다.

예) 17-3-OOOO-*(한국-아시아-대리점 번호-컴퓨터 체크 수)

3) IATA 인가 대리점 종류

① HO(Head Office) : 발권하는 관리 본사로 BR을 관리한다.

② BR(Branch Office) : 발권, 관리하는 지점으로 HO의 관리를 받는다.

③ SA(Specific Sales Activity) : 발권 가능한 지점 이외의 관리점 IATA CODE를 갖는 HO와 BR 지점의 영업소이다.

④ AO(Administrative Office) : 발권하지 않는 관리 본사

2 BSP(Billing Settlement Plan) 업무

■ BSP(Billing & Settlement Plan)의 이해

항공사의 판매와 그에 따른 정산업무를 항공사와 대리점 간에 개별적으로 하는 것이

아니라 BSP에 가입한 항공사와 대리점은 판매에 대한 정산업무를 Billing에 의거하여 전산으로 통합 정산한다. 정산업무에는 항공권 배포, 항공권 판매보고, 항공권 판매 대금의 정산업무가 있다. 우리나라의 BSP 업무는 외환은행 본점에 BSP센터를 두고 있다.

1) BSP의 구성

– BSP KOREA

판매대리점에 대한 담보관리 및 항공권 판매보고, 입금관리의 업무를 수행

– AGENT

판매대리점(여행사)으로 대리점을 통해 판매한 항공권에 관한 서류는 5년간 보관해야 하며 판매보고일까지 DPC에 판매보고와 입금일자에 항공권 판매대금 입금에 대한 의무가 있다.

– AIRLINE

항공사는 판매금액에 대한 ADM, ACM을 정시에 정산하여야 한다.

– DPC(Data Processing Center : 외환은행)

대리점 판매 자료를 정산 처리하여 Billing Report하고 대리점에 배포하여야 한다. BSP 기준, 절차 위반대리점에 대해서 BSP 사무국에 보고할 의무가 있다.

– CLEARING BANK(정산은행)

대리점의 항공권 판매대금 입금 및 항공사에 정산하는 업무를 하며 항공권 판매금액 입금의 전산과정에서 문제 발생 시 BSP 사무국에 통보하여야 한다.

– SYSTEM PROVIDER

항공권 예약, 발권, 시스템을 제공한다.

– C/C COMPANY

BSP KOREA가 가입한 신용카드회사

– SAF 인쇄 및 지급

관련양식을 제작하여 대리점에 지급함. 1년에 2회(1월, 7월) 정기 배포함.

(1) 항공권 지급

여행사에서 직접 항공권을 발권하기 위해서는 여행사는 항공권을 보유하고 있어야 한다. 여행사에서 항공권을 보유하기 위해서는 BSP에 승인 절차가 필요하며 BSP는 대리점별 담보금액, 대리점별 항공권 평균 단가, 대리점별 크레디트 카드 항공권 발권량, 대리

점별 항공권 재고량 등에 의해 대리점에서 발권할 수 있는 항공권 지급 매수가 결정된다.

대리점 담보는 BSP 대리점이 BSP사무국에 보증보험증권, 은행 지급보증서, 은행 정기 예금 질권으로 제공한 물적 담보와 인적 담보인 재정보증인이 필요하다.

항공권 단가는 현 시점에서 최근 6주기의 각 단가와 현재 발권하고 있는 데이터의 자료상의 단가와 현금단가 총 8개의 단가 중 최고 단가와 8개의 평균 단가 중 중간 단가를 구한 기존 단가와 8개의 평균 단가의 중간 단가를 항공권 불출 시 적용한다.

크레디트 카드 항공권 발권은 BSP 대리점이 신용카드로 항공권을 발권하는 것으로 이 경우 해당 카드사로 청구가 되는 시점에서 항공권 판매 미수 금액에서는 제외된다. 따라서 신용카드로 항공권을 발권 시에는 카드 발권 매수만큼 항공권을 추가로 지급 받을 수 있다.

신규대리점은 항공권 발행 후 45일이 지나야 위의 단가 기준이 적용되며, 45일 이전은 100만원 이하 단가의 경우에도 100만원으로 단가가 적용된다. 물론 단가가 100만원 이상인 경우는 현재 발권하는 실 단가로 적용된다.

승인이 된 BSP 여행사는 신청절차를 걸쳐 항공권을 보유하여 발권할 수 있다.

(2) 항공권 신청절차

① IATA BSP에 항공권 AUTH 신청

② ET와 OPTAT(paper ticket)을 구별하여 신청

③ AUTH 승인 후 외환은행 BSP센터를 방문하여 OPTAT 항공권 수령

④ AUTH 승인된 총 수량(ET와 OPTAT)은 대리점의 WEB STORAG의 Capping 가능 매수에 더해짐

⑤ Capping 가능 매수의 수량을 CRS/GDS별로 배정해 주어야 발권 가능함

(3) 담보 초과 시 조치사항

대리점이 발권한 항공권 자료는 매일 항공권 지급 시스템에 Update되어 단가가 비싼 항공권을 발권하였을 경우 담보금액을 초과되는 경우가 발생할 수 있다.

여행사에서 담보로 설정해 놓은 금액을 초과하게 되면 항공권을 발행할 수 없게 되므로 대리점은 담보를 증액하여야 한다. 긴급하게 사용되는 항공권은 조기 정산 또는 간이 질권 설정을 통하여 항공권을 신청할 수 있다.

① BSP BILLING의 조기 정산

BSP 정산 이후 판매한 금액을 1회 전액 입금하고 항공권을 추가로 배포 받을 수 있다.

② 단기 질권 설정

위와 같이 단기 발생인 경우와 달리 빈번히 항공권의 추가 배포가 필요할 경우는 단기 질권설정이 가능하다. 즉, 담보금액을 증액하는 방법을 사용한다.

2) BSP 판매보고

BSP 판매보고는 현금판매와 신용판매로 나누어 보고해야 하며 판매한 항공운임을 정산하여 입금 처리 또는 보고하는 것이다.

(1) 보고시기

① 현금판매 : 정기보고와 Manual 보고가 있으며 월 4회 판매보고일을 준수한다. 각 주기에 해당되는 판매/환급자료는 BSP Korea Time Table에 명시된 보고일의 낮 12까지 보고 완료하여야 한다.

② 신용카드 : 각 주기의 판매보고일에 CCCF 보고를 하고 나머지는 자동으로 반영된다. Manual 보고는 발생 익일 오전 중 보고한다.

(2) 보고장소

- 서울 : 서울시 중구 을지로 2가 181 한국외환은행 지하 1층 BSP센터
- 기타지역 : 접지봉투를 사용하여 해당 외환은행 지점

3) TASF(Travel Agent Service Fee)

한국 여행시장에 TASF가 등장하게 된 배경은 2010년 대한항공의 판매대리점 수수료 전면 폐지에 이어 대부분의 항공사가 여행사에 항공권 판매에 대한 수수료 제도를 폐지하면서부터이다.

기존 여행사의 수입구조에 많은 부분을 차지하고 있던 항공권 판매수수료가 정지되며 여행사는 항공권 판매수수료에 대한 부분을 고객이 지급하는 방식으로 변환했는데 여행사에서는 항공사에 지급하는 항공운임과 고객이 지급하는 여행사 취급수수료에 대한 청구를 따로 하는 방식을 택하게 되었다. 즉, 고객이 여행사를 이용하여 항공권을 구입하게 될 경우 여행사에 취급수수료를 지급하는 방식이다.

이 수수료의 징수방법으로 사용되는 TASF는 항공판매수수료에 대한 BSP 여행사의 효율적인 취급수수료 징수를 위해 IATA에서 BSP 여행사에 제공하는 시스템이다. 즉, TASF는 여행사에서 손님에게 부과하는 취급수수료를 최소의 비용으로 BSP를 통해 징수한다.

예약 및 발권 시스템에 따라 현금으로 취급수수료를 영수하는 경우에도 TASF를 통해

처리가 가능하며 BSP에서 제공되는 TASF REPORT에 해당 거래 내역이 표시되어 있다.

(1) TASF 서비스

① 서비스 특징

여행사의 취급수수료는 항공사코드 954로 기존 항공권 판매와 동일한 형식으로 여행사가 사용하고 있는 예약, 발권시스템을 이용하여 외환은행 BSP에 자동으로 보고된다.

TASF는 신용카드 가맹을 제공하고 BSP는 기존 BSP Billing과는 별도로 취급수수료 판매 내역에 대하여 별도의 REPORT를 주 단위로 여행사에 제공한다.

TASF 가맹점(INCIS)은 신용 승인된 취급수수료에 대하여 매일 신용카드사에 청구 및 여행사로 판매대금을 송금하게 되고 정산내용을 여행사에 제공한다.

② 서비스 사용요금

TASF 서비스 사용에 따른 여행사의 경비내용

- TASF Processing Fee : INICIS를 통하여 취급 수수료를 거래일 이후 취소할 경우에도 최초 취급수수료 승인에 따른 TASF Processing Fee(건당 200원)는 예정대로 다음 달에 청구되며 취소되지 않는다.
- 가입비 : 55,000원(VAT 포함)은 INICIS가 여행사에 청구하는 비용으로 가입 초기 1회 청구된다.

(2) TASF 이용가능한 거래

TASF는 반드시 항공권 발행과 관련이 있는 여행사 수수료의 결제에 한하여 사용되어야 하며, 다른 용도로 잘못 사용한 것에 대한 책임은 여행사에 있다.

잘못 사용된 건에 관련하여 여행사에서는 거래한도 축소, 할부거래 중지, TASF 서비스 중지와 같은 불이익이 생길 수 있으므로 반드시 항공권 발행 수수료 결제로 사용하여야 한다.

따라서 IATA는 TASF 거래 내역을 취합하여 TASF REPORT라는 이름으로 BSPLINK를 통하여 여행사에 거래 내역을 안내하고 취합된 내용을 다음 달 거래 내역에 안내하고 있다.

PART

Ⅲ

부대여정 운임산출

부대여정 운임산출

1 Web Site를 이용한 호텔 예약

세계적인 호텔 체인 이외에도 전 세계 58,000여개의 호텔은 글로벌 시스템을 통해 호텔예약은 물론 항공편과 더불어 렌터카 등 신속, 정확한 종합 여행 서비스를 제공할 수 있게 되었다.

1) 해외호텔 대표 예약 사이트

① Expedia(www.expedia.co.kr)

Founded as a division of Microsoft in 1996, Expedia was spun off in 1999, and was later purchased by TicketMaster in 2001(TicketMaster changed its name to USA Networks in 2001 and then InterActiveCorp in 2003). IAC spun off its travel group of businesses under the Expedia, Inc. name in August 2005, including Expedia, Expedia Corporate Travel (now Egencia), TripAdvisor, Classic Vacations, eLong, Hotels.com, and Hotwire.com. In late 2011, Expedia, Inc. spun out TripAdvisor Media Group, retaining its portfolio of travel transaction brands. On December 21, 2012, Expedia bought a majority stake in travel metasearch engine Trivago in a combined cash and stock deal worth €477 million (approximately $630 million).

According to Richard Barton, their first CEO, the word Expedia is derived from a combination of "exploration and speed" and contains the high-point scrabble letter "X."

On July 6, 2014, it was announced that Expedia, Inc had agreed to buy Wotif.com Holdings Ltd, an online travel company that covers the Asia-Pacific region. Wotif's brands include Wotif.com, lastminute.com.au and travel.com.au.

In October 2014, the Australian Competition and Consumer Commission approved Expedia's acquisition of Australian reservation service Wotif.com for $US610 million.

In January 2015, Expedia acquired Travelocity from Sabre Corp for $280 million. Expedia previously partnered with Travelocity to provide the technology platform for Travelocity's US and Canada points of sale.

In February 2015, Expedia agreed to acquire Orbitz for $1.2 billion in cash. In September 2015 Expedia got approval from US antitrust officials to acquire Orbitz.

In 2015, Expedia bought HomeAway for $3.9 billion.

② Agoda(www.agoda.co.kr)

아고다(Agoda)는 1990년 후반, 창립자 마이클 케니(Michael Kenny)가 플래닛홀리데이닷컴(PlanetHoliday.com)을 개설함으로써 시작했다. 이는 호텔과 여행 정보에 대한 거대한 공백을 급성장하는 검색 엔진의 힘을 사용하여 채우자는 발상에서 비롯된 것이다. 플래닛홀리데이는 업계 최초의 호텔 예약 사이트 중 하나로 그 결과, 수십억 달러를 벌어들이는 사업으로 성장하였다.

뉴욕 주 롱아일랜드 출신의 케니는 90년대 초 태국으로 이주, 푸껫 섬에서 웹사이트를 구축하여 소규모로 사업을 시작하였다. 여행업계를 철저히 파괴한 2001-2002 닷컴 붕괴와 뉴욕 9·11테러 사건 그리고 2003년에 창궐한 사스(SARS)까지 아무도 예상하지 못한 재앙과 같은 사건들 속에서도 플래닛홀리데이닷컴을 포함한 온라인 호텔 예약 업계는 살아남았다.

2002년 푸껫에서 방콕으로 본부를 이전, 2003년에는 프리시전레저베이션스닷컴(PrecisionReservations.com)과 파트너 웹사이트를 맺고 더 많은 호텔 객실을 판매하였다. 그리고 2005년 말, 플래닛홀리데이닷컴과 프리시전레저베이션스닷컴은 아고다 컴퍼니(Agoda Company Pte.Ltd)로 합병하였다.

2007년 11월 아고다 컴퍼니는 프라이스라인닷컴(priceline.com, NASDAQ: PCLN)에 인수되어, 프라이스라인컴이 국제적으로 인수한 세 번째 기업이 되었다. 현재는 약 700명의 직원을 두고 한국어, 중국어, 불어, 스페인어, 일어, 태국어 등 총 38개의 언어로 호텔 예약 서비스를 제공하고 있다.

③ Airbnb

에어비앤비(Airbnb)는 숙박 공유 서비스를 제공하는 회사의 이름이다. 온라인 사이트를 통해 자신의 주거지를 다른 사람에게 빌려주는 서비스를 중개한다. 190개국 34,000개 도시에서 150만 개 이상의 숙소 목록을 가지고 있다. 본부는 미국 샌프란시스코에 있으며 전 세계에서 백만 명 이상의 주인과 여행자가 에어비앤비로 공간을 임대하거나 숙소를 예약하고 있다. 2008년 설립했으며, 한국에서는 2013년부터 서비스를 시행 중이다.

에어비앤비 아이디어는 디자이너인 브라이언 체스키(Brian Chesky)와 조 게비아(Joe Gebbia)의 숙소 임대 경험에서 나왔다. 2007년 두 사람은 샌프란시스코에서 열린 산업디자인 콘퍼런스 참가자에게 거실을 숙소로 빌려주었다. 샌프란시스코의 높은 집세를 감당하기 위해 수익이 필요했기 때문이다. 두 사람은 거실에 공기 침대(Air Bed)를 놓고 아침 식사를 제공하며 손님들에게 일정 요금을 받았다. 이 경험을 계기로 2008년 건축가 나단 블레차르치크(Nathan Blecharczyk)를 포함한 세 명이 에어비앤비를 공동 창업하게 되었다.

에어비앤비는 임대를 원하는 주인과 숙박을 원하는 여행자를 중개한다. 에어비앤비란 이름은 '침대를 빌려주고 아침밥을 함께 한다(Air Bed and Breakfast)'의 줄임말이다. 여행자 입장에서는 저렴한 숙박이 가능하고, 현지 생활을 경험할 수 있다는 장점도 있다. 주인 입장에서도 별도의 이익을 얻을 수 있어 부업으로 활용할 수 있다. 주거를 빌려주고 싶은 주인은 에어비앤비 홈페이지나 스마트폰 앱을 통해 집을 게재한다. 요금은 주인이 정할 수 있으며 에어비앤비는 예약 중개에 대한 수수료를 받는다. 숙소를 이용한 여행자는 에어비앤비에 후기를 남길 수 있다. 다른 사람들이 남긴 후기를 통해 집과 집주인에 대한 정보와 평판이 확인된다.

한편, 에어비앤비에 대한 비판적 시각도 있다. 사실상 숙박업소로 운영되면서도 법의 규제를 받지 않아 관리의 사각지대에 있다는 지적이다. 한국의 경우 「공중위생관리법」 제3조 제1항에 따라 숙박업을 하려는 사람은 구청에 반드시 신고해야 한다. 하지만 에어비앤비는 현행법상 숙박업 기준과 다른 부분이 많아 법의 적용을 받기 어렵다. 결국, 에어비앤비에 등록된 숙소들은 위생이나 안전 검사 등의 대상에서 제외되며 화재 등의 사고 발생 시 대비책도 부족하다. 이런 이유로 독일이나 미국과 같은 나라에서는 개인 주택 임대 허가 등 에어비앤비와 관련된 제도 정비를 추진하고 있다.

2) Web Site 접속을 통한 호텔예약

고객 여행 일정표 (서울-후쿠오카 왕복)
1. 일　정 : 5월 3일 김포 -> 후쿠오카 출발, 5월 7일 후쿠오카 -> 김포 도착
2. 항공편 : 대한항공 이코노미 클래스
3. 인　원 : 2명 (본인, 애인)
4. 숙　박 : 시내의 특 1급 닛코 후쿠오카 호텔 2인 1실 (조식 포함)
5. 렌터카 : 공항에서 픽업 및 반납 (차종 : 오토, 4인승)
6. 부대비용 : 하우스텐보스 입장권 2매

(1) Expedia(www.expedia.co.kr)로 접속하기

① 목적지, 체크인, 체크아웃, 객실타입 및 투숙인원 설정 후 검색 시작

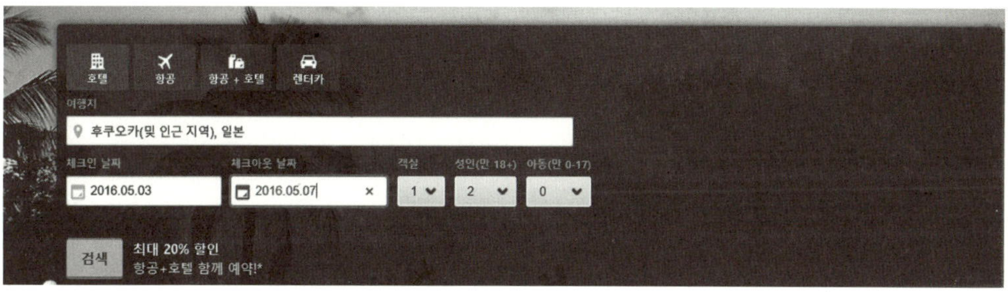

② 숙소 검색 결과

그랜드 하얏트 후쿠오카 ★★★★★

Grand Hyatt Fukuoka
Fukuoka (하카타)
02-3480-0118 • 익스피디아 요금
지난 3시간 안에 예약됨

훌륭함! 4.3/5
(241개 이용 후기)
₩318,505
1박 평균
✔ 지금 예약하고 나중에 결제하세요!

힐튼 후쿠오카 씨 호크 ★★★★

Hilton Fukuoka Sea Hawk
Fukuoka
02-3480-0118 • 익스피디아 요금
지난 4시간 안에 예약됨

매우 좋음! 4.2/5
(441개 이용 후기)
~~₩489,720~~
₩340,595
1박 평균

베셀 호텔 후쿠오카 카이주카 ★★★

Vessel Hotel Fukuoka Kaizuka
Fukuoka
02-3480-0118 • 익스피디아 요금 ✔ 예약 무료 취소
지난 12시간 안에 예약됨

매우 좋음! 4.0/5
(44개 이용 후기)
₩155,235
1박 평균

③ 호텔선택

힐튼 후쿠오카 씨 호크
Hilton Fukuoka Sea Hawk ★★★★

2-2-3 Jigyohama Chuo-Ku Chuo-ku, Fukuoka, Fukuoka-ken 810-8650 일본 **4.2 / 5** 이용 후기
02-3480-0166

₩340,595 예약하기
✔ 최저가격보장

매우 좋음!

94%
여행객이 추천

4.2 (5점 만점)
익스피디아 고객 평가

441개의 검증된 익스피디아 이용 후기 모두 보기

TripAdvisor 여행객 평점
1116개 이용 후기 기준

④ 객실타입 선택 후 예약진행

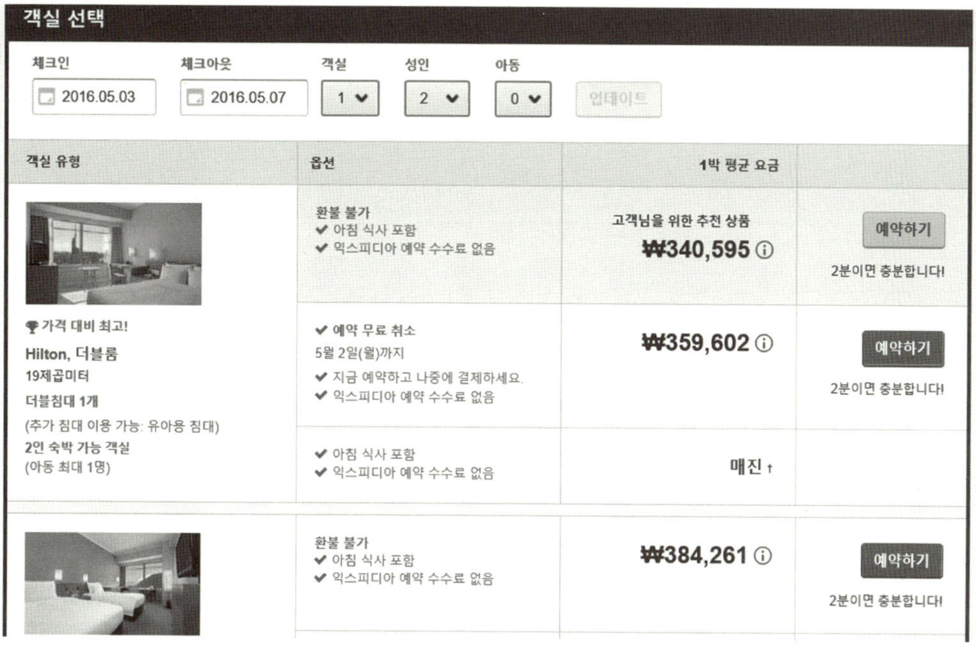

⑤ 투숙객 정보 및 지불수단 입력

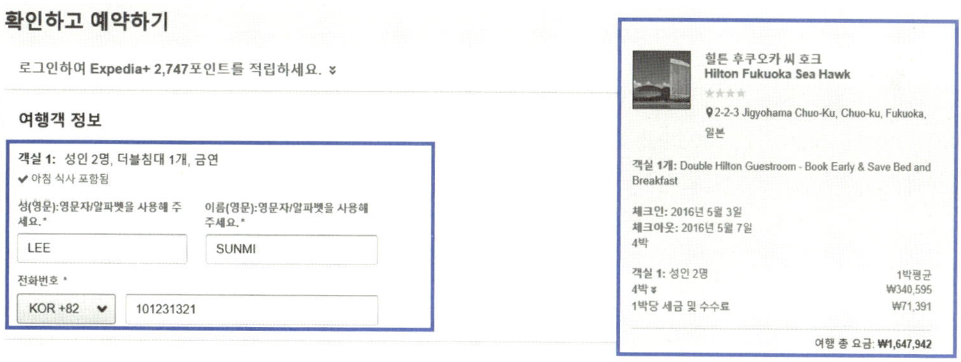

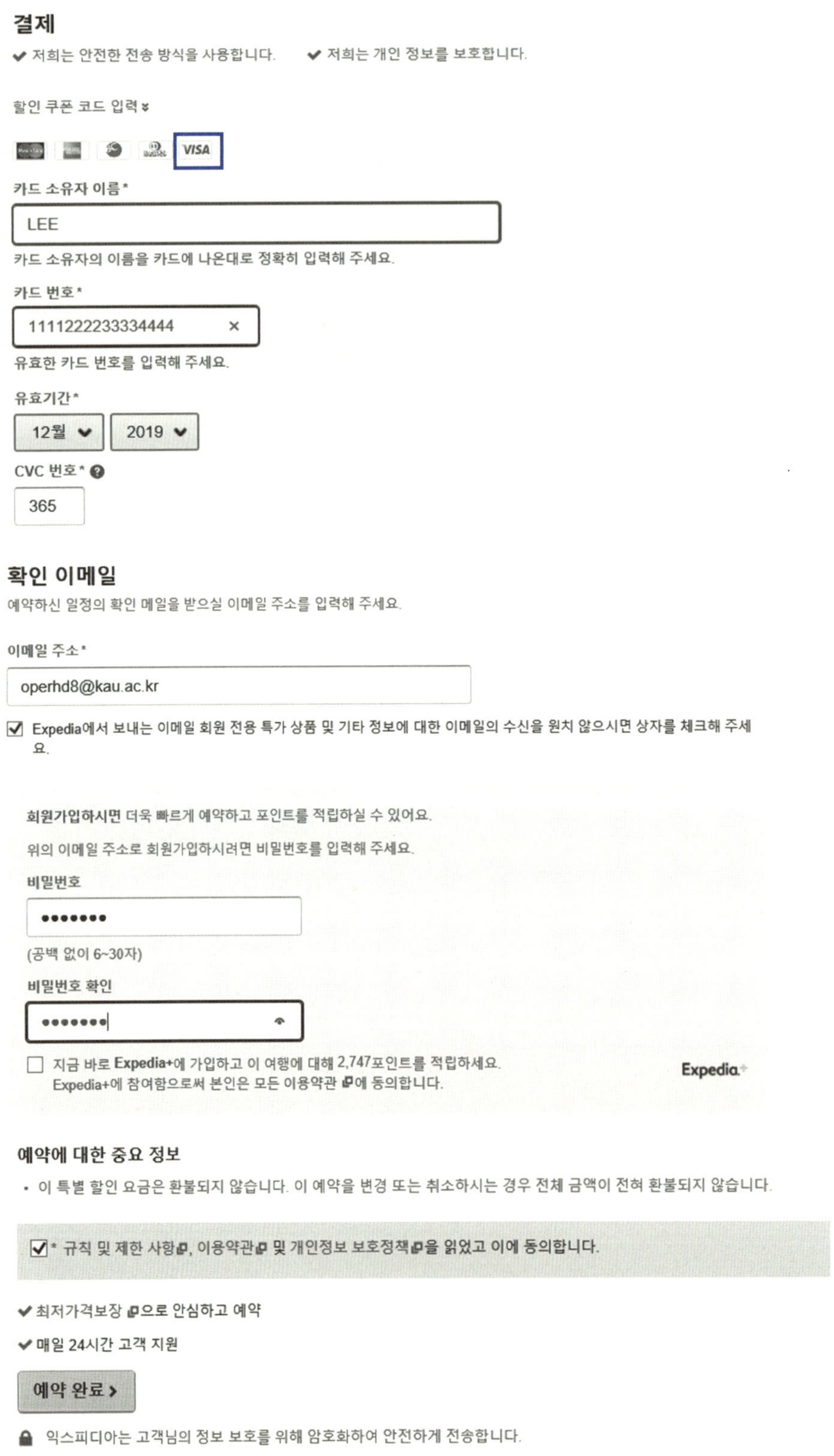

결제

✔ 저희는 안전한 전송 방식을 사용합니다. ✔ 저희는 개인 정보를 보호합니다.

할인 쿠폰 코드 입력

VISA

카드 소유자 이름*

LEE

카드 소유자의 이름을 카드에 나온대로 정확히 입력해 주세요.

카드 번호*

1111222233334444 ×

유효한 카드 번호를 입력해 주세요.

유효기간*

12월 2019

CVC 번호*

365

확인 이메일

예약하신 일정의 확인 메일을 받으실 이메일 주소를 입력해 주세요.

이메일 주소*

operhd8@kau.ac.kr

☑ Expedia에서 보내는 이메일 회원 전용 특가 상품 및 기타 정보에 대한 이메일의 수신을 원치 않으시면 상자를 체크해 주세요.

회원가입하시면 더욱 빠르게 예약하고 포인트를 적립하실 수 있어요.

위의 이메일 주소로 회원가입하시려면 비밀번호를 입력해 주세요.

비밀번호

•••••••

(공백 없이 6~30자)

비밀번호 확인

•••••••

☐ 지금 바로 Expedia+에 가입하고 이 여행에 대해 2,747포인트를 적립하세요.
Expedia+에 참여함으로써 본인은 모든 이용약관에 동의합니다. Expedia+

예약에 대한 중요 정보

- 이 특별 할인 요금은 환불되지 않습니다. 이 예약을 변경 또는 취소하시는 경우 전체 금액이 전혀 환불되지 않습니다.

☑ * 규칙 및 제한 사항, 이용약관 및 개인정보 보호정책을 읽었고 이에 동의합니다.

✔ 최저가격보장 으로 안심하고 예약

✔ 매일 24시간 고객 지원

예약 완료 >

익스피디아는 고객님의 정보 보호를 위해 암호화하여 안전하게 전송합니다.

2) Agoda Site를 이용한 호텔예약

① 목적지, 체크인, 체크아웃, 객실타입 및 투숙인원 설정 후 검색 시작

② 숙소 검색 결과

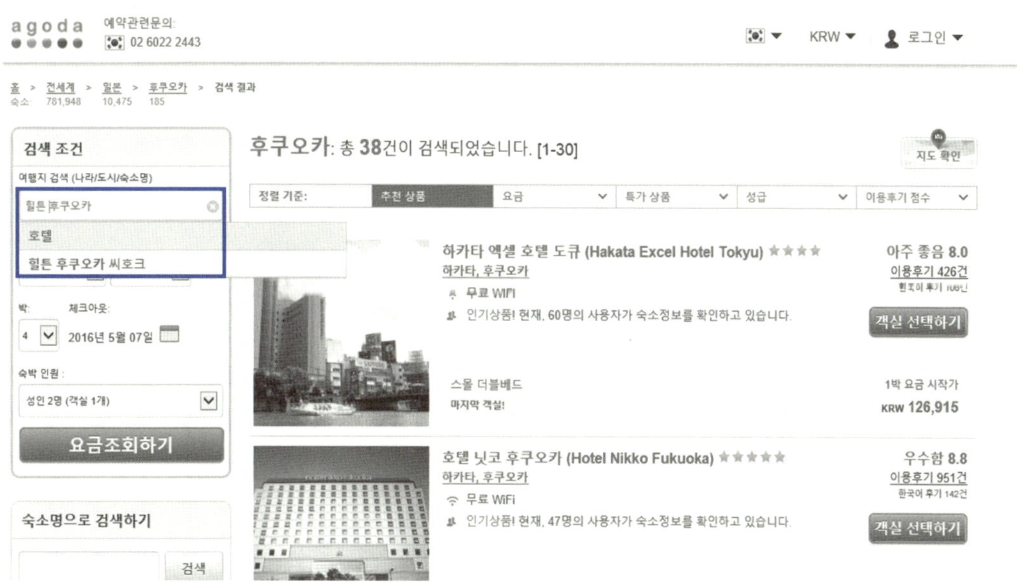

호텔 어센트 후쿠오카 (Hotel Ascent Fukuoka) ★★★
추오, 후쿠오카
무료 WiFi
인기상품! 현재, 30명의 사용자가 숙소정보를 확인하고 있습니다.

아주 좋음 7.8
이용후기 377건
한국어 후기 135건
객실 선택하기

더블
예약 무료 취소!, 후지불 가능, 마지막 객실!
1박 요금 시작가
KRW 116,772

호텔 몬터레이 라쇠르 후쿠오카 (Hotel Monterey La Soeur Fukuoka) ★★★★
추오, 후쿠오카
무료 WiFi
인기상품! 현재, 35명의 사용자가 숙소정보를 확인하고 있습니다.

아주 좋음 7.9
이용후기 438건
한국어 후기 73건
객실 선택하기

세미 더블
예약 무료 취소!, 후지불 가능, 아고다 특가 잔여 객실 3개!
1박 요금 시작가
KRW 154,455

힐튼 후쿠오카 씨호크 (Hilton Fukuoka Sea Hawk) ★★★★★
추오, 후쿠오카
인기상품! 현재, 27명의 사용자가 숙소정보를 확인하고 있습니다.

우수함 8.1
이용후기 416건
한국어 후기 108건
객실 선택하기

더블베드
조식포함
1박 요금 시작가
KRW 339,818

힐튼 후쿠오카 씨호크 (Hilton Fukuoka Sea Hawk) ★★★★★

2-2-3 Jigyohama, Chuo-Ku, 추오, 후쿠오카, 일본 810-8650

지도 확인
관심 상품 추가

바로가기: 잔여객실확인 부대시설 정책 상세정보 전체 이용후기 확인

우수함 8.1
이용후기 416건

"1. 객실이 깨끗하고 편안함 2. 식당과 음식이 좋음 3. 전망이..."

SECHEOL, 대한민국
2015년 10월 11일 일요일

13시간30분50초 전에 트윈 스탠다드 객실이 예약되었습니다.

현재 5명이 이 숙소 확인 중

객실 선택하기

통화 바꾸기: 한국 원 (KRW)

2016년 5월 3일 화요일 - 2016년 5월 7일 토요일 | 4박

객실 종류	최대 인원	요금 안내	객실수	
베스트 셀러 – 한정객실! 더블베드 *(Double Hilton Guestroom Breakfast Advance Purchase)*  *조식포함* *객실 요금내 불포함:* *세금 및 봉사료 KRW 71,226* 자세히보기	2	KRW ~~754,396~~ 339,818 특별프로모션! (환불불가)	1	실시간예약 한정 판매 객실!
더블베드 *(Double Hilton Guestroom)*  *객실 요금내 불포함:* *세금 및 봉사료 KRW 75,201* [후지불] 예약시 2016년 4월 30일 토요일 자동결제됨 자세히보기	2	KRW ~~796,498~~ 358,783 예약 무료 취소!	0	실시간예약 한정 판매 객실!
트윈 스탠다드 *(Twin Hilton Guestroom Breakfast Advance Purchase)*  *조식포함* *객실 요금내 불포함:* *세금 및 봉사료 KRW 80,357* 자세히보기	2	KRW ~~851,115~~ 383,385 특별프로모션! (환불불가)	0	실시간예약 한정 판매 객실!

예약 정보

✓ 이제 안전하게 예약을 진행할 수 있습니다. 딱 2분만 투자하시면 됩니다!

힐튼 후쿠오카 씨호크 (Hilton Fukuoka Sea Hawk) ★★★★★
2-2-3 Jigyohama, Chuo-Ku 추오 후쿠오카, 일본 810-8650

위치:	추오, 후쿠오카
체크인:	2016년 5월 3일
체크아웃:	2016년 5월 7일
숙박정보:	4박, 객실 1개, 성인 2명

✓ 축하합니다! 힐튼 후쿠오카 씨호크 (Hilton Fukuoka Sea Hawk)에서 최저가 객실이 선택되었습니다.

간편 예약 로그인

고객 정보

칭호	영문 이름(First Name)	영문 성(Last Name)
Ms.	LEE	SUNMI

이메일: operhd@kau.ac.kr

전화 번호	거주국가
82101231234	대한민국

☐ 예약자와 투숙자가 다를 경우 클릭해서 투숙객 정보를 입력해 주세요.

✓ 지금 바로 예약하세요! 해당 객실은 한정 특가 상품입니다!

객실 1개 x 4박	KRW ~~3,017,583.84~~ KRW 1,359,272
총 결제 금액 (4박 / 총인원) 세금 및 봉사료 KRW 284,904 포함	KRW 1,644,176

예약 조건

아고다 최저가 보장제

예약 정보

✔ 이제 안전하게 예약을 진행할 수 있습니다. 딱 2분만 투자하시면 됩니다!

헐튼 후쿠오카 씨호크 (Hilton Fukuoka Sea Hawk) ★★★★★
2-2-3 Jigyohama, Chuo-Ku 추오 후쿠오카, 일본 810-8650

위치:	추오, 후쿠오카
체크인:	2016년 5월 3일
체크아웃:	2016년 5월 7일
숙박정보:	4박, 객실 1개, 성인 2명

✔ 축하합니다! 힐튼 후쿠오카 씨호크 (Hilton Fukuoka Sea Hawk)에서 최저가 객실이 선택되었습니다.

간편 예약 로그인

고객 정보

칭호	영문 이름(First Name)	영문 성(Last Name)
Ms.	LEE	SUNMI

이메일
operhd@kau.ac.kr

전화 번호	거주국가
82101231234	대한민국

☐ 예약자와 투숙자가 다를 경우 클릭해서 투숙객 정보를 입력해 주세요.

✔ 지금 바로 예약하세요! 해당 객실은 한정 특가 상품입니다!

객실 1개 x 4박	KRW ~~3,017,583.84~~ KRW 1,359,272
총 결제 금액 (4박 / 총인원) 세금 및 봉사료 KRW 284,904 포함	KRW 1,644,176

예약 조건

아고다 최저가 보장제

객실이용 지불금액

객실 1개 x 4박	KRW ~~3,017,583.84~~ KRW 1,359,272
총 결제 금액 (4박 / 총인원) 세금 및 봉사료 KRW 284,904 포함	KRW 1,644,176

헐튼 후쿠오카 씨호크 (Hilton Fukuoka Sea Hawk) ★★★★★
2-2-3 Jigyohama, Chuo-Ku 추오 후쿠오카, 일본 810-8650

위치:	추오, 후쿠오카
체크인:	2016년 5월 3일
체크아웃:	2016년 5월 7일
숙박정보:	4박, 객실 1개, 성인 2명

VISA MasterCard JCB PayPal

결제 카드 선택
Visa

카드 번호	카드 명의자(영문)
6048 2349 3310 8171	LEE SUNMI

유효한 신용카드 번호를 입력해 주세요.

카드 유효기간	CVC / CVV
12 / 2019	005

신용카드 발행국가	카드 발행처(영문)
대한민국	

초특가 상품 정보 및 할인 쿠폰 제공을 원하십니까?

☐ 아고다 프로모션 및 할인 혜택 정보 수신을 원하지 않습니다.

이 객실을 예약함으로서 예약 조건 및 이용약관에 동의합니다.

결제 및 예약하기

객실 1개 x 4박	KRW ~~3,017,583.84~~ KRW 1,359,272
총 결제 금액 (4박 / 총인원) 세금 및 봉사료 KRW 284,904 포함	KRW 1,644,176

예약 조건

아고다 최저가 보장제

2 Web Site를 이용한 렌터카 예약

고객 여행 일정표 (서울-후쿠오카 왕복)
1. 일　정 : 5월 3일 김포 → 후쿠오카 출발, 5월 7일 후쿠오카 → 김포 도착
2. 항공편 : 대한항공 이코노미 클래스
3. 인　원 : 2명 (본인, 애인)
4. 숙　박 : 시내의 특 1급 닛코 후쿠오카 호텔 2인 1실 (조식 포함)
5. 렌터카 : 공항에서 픽업 및 반납 (차종 : 오토, 4인승, 소형차)
6. 부대비용 : 하우스텐보스 입장권 2매

세계적인 호텔 체인 이외에도 전 세계 58,000여개의 호텔은 글로벌 시스템을 통해 호텔예약은 물론 항공편과 더불어 렌터카 등 신속, 정확한 종합 여행 서비스를 제공할 수 있게 되었다.

1) 해외렌터카 대표 예약 사이트

(1) HERTZ

http://www.hertz.com

(2) AVIS

http://www.avis.com

(3) Alamo

http://www.alamo.com

2) 웹사이트를 이용한 렌터카 예약

① 사이트 접속하기(www.hertz.co.kr)

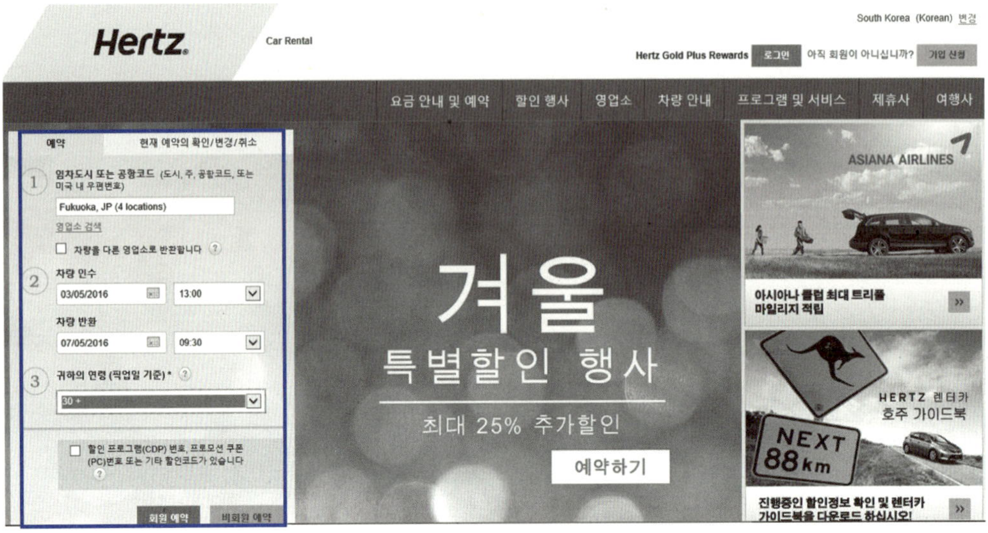

② 픽업장소 선택

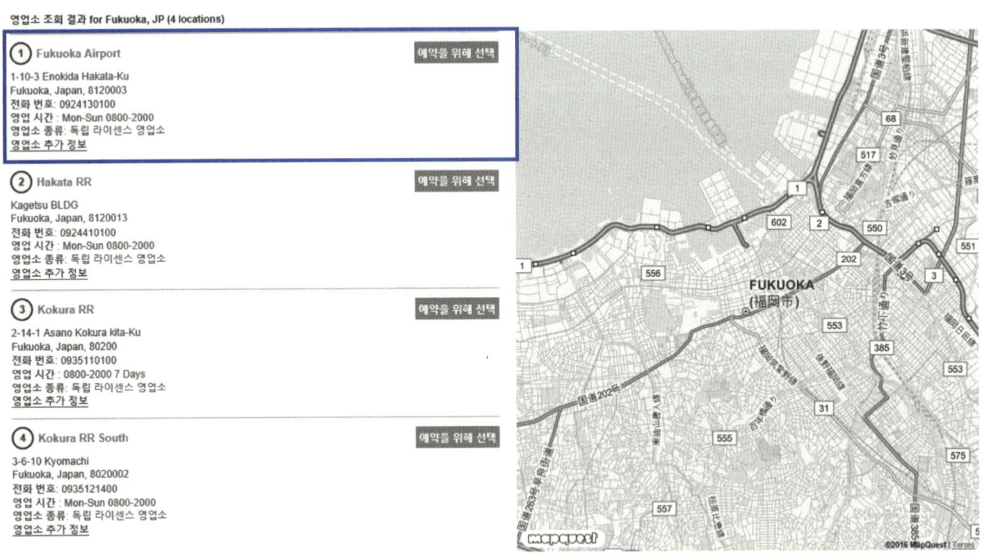

③ 차량 선택

Compact CCAR

(A) Toyota Porte 또는 동급차량 ?

5 승객 수

1 대형 수트케이스, 1 소형 수트케이스

자동 기어 차량

에어 컨디셔너

[+] 요금 안내

8125.00 JPY 1일 당

무제한 주행거리 FREE 킬로미터

후 지불 요금

Compact HV Non-Smoking CDAH

(B4) Toyota Aqua 또는 동급차량 ?

5 승객 수

1 대형 수트케이스, 1 소형 수트케이스

자동 기어 차량

[+] 요금 안내

9500.00 JPY 1일 당

무제한 주행거리 FREE 킬로미터

후 지불 요금

Intermediate ICAR

(C) Toyota Corolla Axio 또는 동급차량 ?

5 승객 수

1 대형 수트케이스, 1 소형 수트케이스

자동 기어 차량

9550.00 JPY 1일 당

무제한 주행거리 FREE 킬로미터

후 지불 요금

④ 추가요청(Option 지정)

☐ 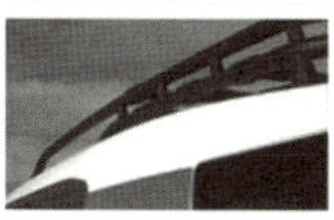

스키장비 장착 차량

스키장비를 운반하기 위한 스키선반 장착 옵션

더 자세하게

-

☐ 

유아용 카-시트

1세 미만 및 몸무게 20 lbs 혹은 9 kg 미만의 유아용 카 시트

더 자세하게

500.00 JPY 1일 당

☑ 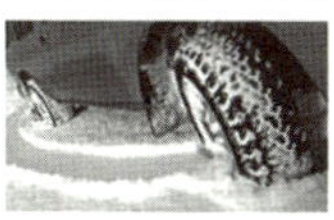

스노우 타이어

겨울철에는 운전자와 동승자의 안전을 위해 스노우 타이어를 함께 예약하시길 권유드립니다.

더 자세하게

-

☐ 

아동용 부스터 카-시트

몸무게 40-80 lbs 혹은 25 kg까지의 아동을 위한 카 시트

더 자세하게

500.00 JPY 1일 당

☐ 

아동용 카 시트

몸무게 20-40 lbs 혹은 8-19 kg의 아동을 위해 전방 장착형 카 시트

더 자세하게

500.00 JPY 1일 당

전송

⑤ 예약자 데이터 입력

개인 정보

영문 이름 (예: GILDONG)
SUNMI

영문 성 (예: HONG)
LEE

이메일 주소
smlee@naver.com

이메일 주소 재입력
smlee@naver.com

(예약 확인서의 이메일 수신을 원하시는 경우)

☐ 체크박스에 클릭함으로써 Hertz로부터 마케팅 정보나 프로모션에 대한 안내를 정기적으로 이메일로 수신하시는 것에 동의하신 것으로 간주됩니다. Hertz로부터의 이메일 수신을 중단하시려면 수신하신 이메일 상의 "구독취소" 링크를 클릭하시거나 customer_service@hertz.com 또는 14501 Hertz Quail Springs Pkwy, Oklahoma City, OK 73120 으로 연락 주십시오.

신용카드 종류
Visa

신용카드 번호
3316132413008000
(여백 또는 "-" 없이 입력하십시오)

만료일
9월 | 2019

예상 임차금액보다 $200 정도 초과하는 금액을 신용카드로 승인하게 됩니다. 예상 임차금액이 승인되지 않는 경우에는 임차가 불가능해집니다.

임차 시점에 (1) 유효한 국내/ 국제운전 면허증 및 (2) 유효한 신용카드를 제시해야 합니다.

⑥ 선택차량 요금 확인 및 예약확정

Visa

3316132413008000
(여백 또는 "-" 없이 입력하십시오)

만료일
9월 | 2019

예상 임차금액보다 $200 정도 초과하는 금액을 신용카드로 승인하게 됩니다. 예상 임차금액이 승인되지 않는 경우에는 임차가 불가능해집니다.

임차 시점에 (1) 유효한 국내/ 국제운전 면허증 및 (2) 유효한 신용카드를 제시해야 합니다.

도착/ 비행기 정보

도착 비행기 정보를 추가하십시오

비행기 또는 기차
한가지를 선택하십시오

상용 고객(선택 사항)
없음

상용 고객 번호:

회사의 고유 청구번호가 있을 경우 입력하십시오:

ⓘ 비고

선택 차량 변경

Intermediate ICAR
(C) Toyota Corolla Axio (Hertz 차량 안내)
더 자세하게

비용 결제 후 지불 요금

기본 요금

1 @ 9550.00 JPY	9550.00 JPY
3 @ 8125.00 JPY	24375.00 JPY
ⓘ 세금	2714.00 JPY

요금 포함사항

ⓘ 차량손실 면책프로그램(LDW)
ⓘ 임차인 상해보험/휴대품 분실보험(PAI/PEC)
무제한 주행거리 FREE 킬로미터

차량	**36639.00 JPY**
추가 장비	변경
스노우 타이어 더 자세하게	-
예상 총 임차비용	**36639.00 JPY**

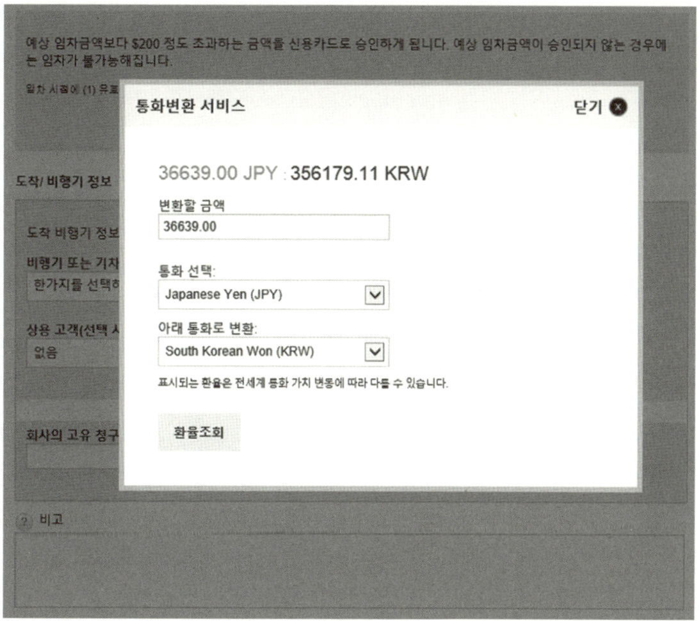

☞ 렌터카 이용 지불금액

예상 금액	3639.00 JPY	(원화 지불시 KRW 357000)

예상 총 임차비용 .... **36639.00 JPY**

'총 임차비용' 에는 픽업 시 영업소에서 추가로 선택하는 추가옵션 비용 및 임차 시 발생하는 추가요금(차량 손상, 연료비 또는 유료도로 통행료)등은 포함되어 있지 않습니다. '만 25세 미만의 운전자'의 경우, 추가요금이 차량 픽업 시 추가 적용됩니다.예상 임차비용은 예약 시점에 제공된 정보를 기준으로 결정됩니다. 차후 현지에서 임차일 수가 변경되거나 반환 영업소가 변경될 경우, 예약 시점의 할인요금이 아닌 높은 현지요금으로 변경 적용될 수 있습니다.

"계속" 버튼을 클릭함으로써 Hertz의 임차 자격 및 규정을 이해하고 동의하신 것으로 간주됩니다. 임차 자격 및 이용규정, 임차 자격 및 이용규정 귀하의 예약사항을 변경 또는 취소하기 전에 다음을 이해하고 동의한다는 것을 확인해 주십시오 - '-운전 가능 연령에 대한 규정

계속

임차 자격 및 이용규정

예상 임차비용은 만 25세 이상 임차인에 대한 예약 시점에 제공된 정보를 기준으로 결정됩니다. 임차 가능한 최소 연령에 대한 자세한 내용은 아래 "임차 자격 및 이용규정"을 참조하십시오. 임차인이 만 25세 미만일 경우 소정의 추가 요금이 적용됩니다. 임차 시점에 추가 비용 또는 부가세가 적용될 수 있습니다.

PlatePass 단말기 인식을 통해 통행료가 지불된 경우, PlatePass LCC에서는 PlatePass 단말기가 사용되지 않은 일 수를 포함하여 임차 일 당 $4.95의 요금을 적용합니다 (최대 $24.75 적용/ 1 개월 당). 더불어 실제 통행료는 별도 부과됩니다(현금 지불 차선과 동일한 요금 또는 할인되지 않은 통행료 적용). PlatePass LLC 에서는 임차 종료 후 비디오 판독을 통해 이용료 및 통행료를 신용카드로 청구합니다. 일반적으로 임차 종료 후 요금이 청구되기까지 1-3 주 혹은 그 이상의 기간이 소요됩니다. 임차요금을 현금으로 지불한 고객에 대해서도 신용카드로 청구되거나 별도의 청구서가 배송됩니

☐ 및 Hertz 웹사이트 이용규정에 동의합니다 개인정보 취급방침

⑦ 예약확정

Hertz를 이용해 주셔서 감사합니다 – SUNMI LEE!

귀하의 예약번호: **G82142142A1**

예약 확약서가 이메일로 발송되었습니다: operhd8@naver.com

예약 취소 | 예약 수정 | 다른 예약하기

Outlook에 추가하기 | Google 또는 Yahoo! 캘린더에 추가하기

예약 요청내용 변경

차량 인수
화, 5월 03, 2016 @ 11:00

차량 반환
토, 5월 07, 2016 @ 10:00

할인 정보
제휴사 할인 프로그램이 적용되지 않았습니다

임차 & 반환 영업소
Fukuoka Airport

주소
1-10-3 Enokida Hakata-Ku
Fukuokashi
Fukuoka, JP 8120003

영업 시간
Mon-Sun 0800-2000

영업소 종류
독립 라이센스 영업소

전화 번호
0924130100

팩스 번호
0924523069

운전방향 안내 요청하기

도착 정보 변경
도착정보가 없습니다

연령 선택:
30 +

선택 차량 변경

Intermediate ICAR
(C) Toyota Corolla Axio (Hertz 차량 안내)
더 자세하게

비용 결제 후 지불 요금	
기본 요금	
1 @ 9550.00 JPY	9550.00 JPY
3 @ 8125.00 JPY	24375.00 JPY
세금	2714.00 JPY
요금 포함사항	
차량손실 면책프로그램(LDW)	
임차인 상해보험/휴대품 분실보험(PAI/PEC)	
무제한 주행거리 FREE 킬로미터	
차량	**36639.00 JPY**
예상 총 임차비용	**36639.00 JPY**

3 부대여정 예매하기

항공여정을 제회한 부대 여정 중 투어 및 공연과 같은 일정에 대한 입장권을 다양한 사이트를 이용하여 예매하는 방법을 알아보자.

고객 여행 일정표 (서울-후쿠오카 왕복)
1. 일 정 : 5월 3일 김포 -> 후쿠오카 출발, 5월 7일 후쿠오카 -> 김포 도착
2. 항공편 : 대한항공 이코노미 클래스
3. 인 원 : 2명 (본인, 애인)
4. 숙 박 : 시내의 특 1급 닛코 후쿠오카 호텔 2인 1실 (조식 포함)
5. 렌터카 : 공항에서 픽업 및 반납 (차종 : 오토, 4인승, 소형차)
6. 부대비용 : 하우스텐보스 입장권 2매

1) 입장권 예매

① 해당사이트 접속(http://www.huistenbosch.co.kr/)

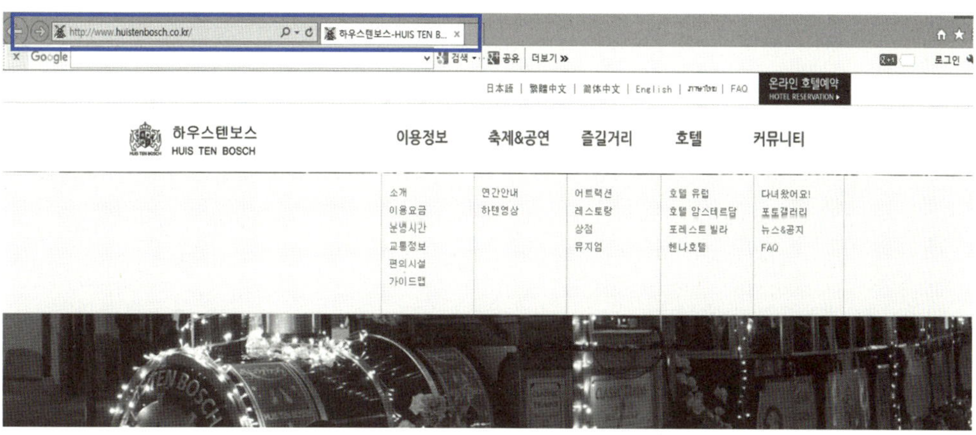

② 요금 확인 이후 구매 신청

이용요금 입장권의 종류와 각종서비스 등 하우스텐보스를 보다 유익하게 즐기기 위한 안내입니다

하우스텐보스의 거의 모든 시설은 프리패스를 구입하여 이용할 수 있습니다.
단, 시설 내의 탈것 등 일부 시설은 현금을 사용.

입장 티켓

입장권 종류 비고	어른 (만18세 이상)	중고생	어린이 (만 4세~초등학생)	시니어 (65세 이상)
1DAY 패스포트 하우스텐보스 입장 1일+패스포트 대상 유료시설 1일 이용	6,400엔	5,400엔	4,000엔	5,900엔
2DAY 패스포트 하우스텐보스 입장 연속 2일+패스포트 대상 유료시설 연속 2일	11,300엔	9,300엔	7,300엔	10,800엔
3DAY 패스포트 하우스텐보스 입장 연속 3일+패스포트 대상 유료시설 연속 3일	14,500엔	13,000엔	9,700엔	14,000엔
문라이트 4 패스포트 하우스텐보스 16:00 이후 입장+패스포트 대상 유료시설 이용	4,800엔	4,000엔	3,100엔	4,300엔

2) 출입국 신고서 작성

일본 출입국신고서 앞면

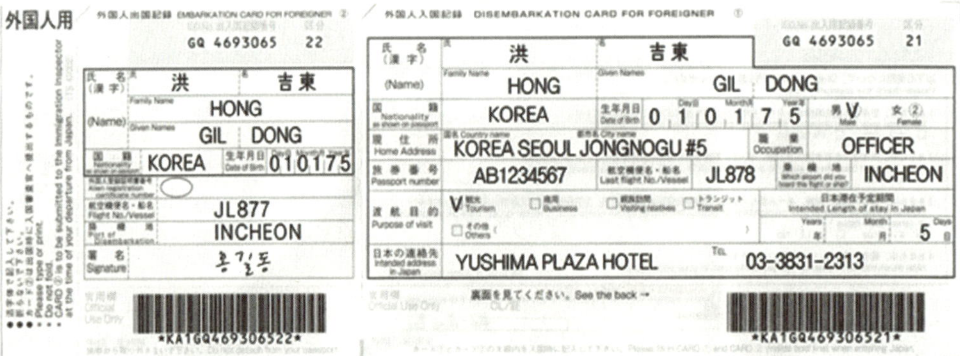

일본 출입국신고서 뒷면

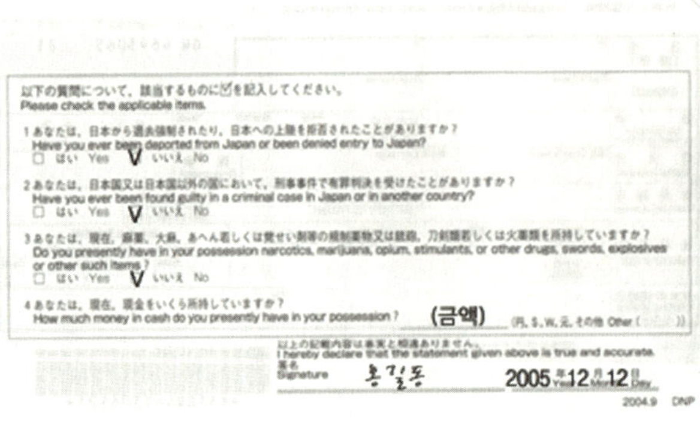

1. 당신은 일본에서 추방당하거나 일본입국을 거절 당한적이 있습니까?

2. 당신은 일본이나 다른 나라에서 범죄를 저지른적이 있습니까?

3. 당신은 현재 마약, 대마초, 아편, 흥분제 또는 약품, 칼, 폭약같은 물품을 가지고 있습니까?

4. 당신은 현재 현금을 어느정도 소유하고 있습니까?

PART

Ⅳ

NCS 직무능력개발 실습

NCS 직무능력개발 실습

CASE 1. 여행요금상담 및 예약수배업무(미국 LA)

김은지 직원은 시청 앞에 위치한 코리아 여행사 여행상담을 담당하는 직원입니다. 10월 5일 김대한 고객으로부터 미국 로스엔젤레스 출장 관련 여행요금상담을 의뢰를 받았습니다. 고객 요청사항의 상세 내용을 확인하고 승객의 요청에 따른 작업을 수행하기 바랍니다.

요청사항
1. 일정 : 11월 23일 인천 출발, 11월 28일 한국 도착 2. 항공편 : 대한항공 이코노미 클래스 3. 출장 인원 : 2명 4. 숙박 : 다운타운 내의 1급 호텔 2인 1실 (조식 포함) 5. 렌터카 : LA 공항에서 픽업 및 반납 (차종 : auto, 4인승 승용차) 6. 부대비용 : 유니버셜 스튜디오 입장요금 확인 요망

■ 수행사항

(1) 토파스 셀커넥 프로그램을 활용하여 고객의 요청사항에 맞는 적용 가능한 가장 저렴한 클래스로 PNR을 만든 후 화면을 캡처하라.

```
--- RLR SFP ---
RP/SELK13900/SELK13900              AA/SU   22JUL15/1823Z    5RH9SL
3681-9345
  1.KIM/DAEHANMR    2.KIM/MINKOOKMR
  3  KE 017 E 23NOV 1 ICNLAX HK2  1500 0900  23NOV  E  KE/5RH9SL
  4  KE 018 E 27NOV 5 LAXICN HK2  1100 1740  28NOV  E  KE/5RH9SL
  5 AP 02-3681-9345 KYUNGBOG TOUR
  6 TK OK22JUL/SELK13900
  7 OPW SELK13900-05AUG:1900/1C7/KE REQUIRES TICKET ON OR BEFORE
        06AUG:1900/S3-4
  8 OPC SELK13900-06AUG:1900/1C8/KE CANCELLATION DUE TO NO
        TICKET/S3-4
  9 RM NOTIFY PASSENGER PRIOR TO TICKET PURCHASE & CHECK-IN:
       FEDERAL LAWS FORBID THE CARRIAGE OF HAZARDOUS MATERIALS -
       GGAMAUSHAZ
```

(2) PNR에 맞는 운임을 조회하고 운임내역과 명령어가 표시되도록 화면을 캡처하라.

```
> FXP

FXP


   PASSENGER          PTC     NP   FARE<KRW> TAX/FEE    PER PSGR
01 KIM/DAEHA*         ADT      1     1510000  186600     1696600
02 KIM/MINKO*         ADT      1     1510000  186600     1696600

                   TOTALS      2     3020000  373200     3393200

1-2 LAST TKT DTE 26JUL15 - SEE ADV PURCHASE
1-2 200000 KRW PENALTY APPLIES
>                                                    PAGE  2/ 2
```

(3) 조건에 맞는 호텔을 검색하고 총 숙박요금이 표시되어 있는 화면을 캡처하라.

(4) 일정에 맞는 렌터카를 검색한 후 총 운임이 표시되어 있는 화면을 캡처하라.

(5) 유니버셜 스튜디오 1-day Ticket 요금을 검색한 후 티켓 요금이 표시되어 있는 화면을 캡처하라.

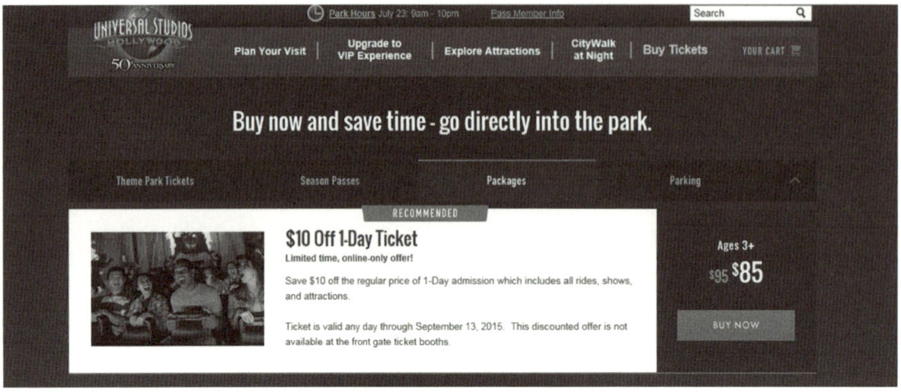

(6) 전체 일정에 따라 아래의 원가표를 작성하고 고객에게 제시할 상품가를 계산하라. (2인 기준, 알선 수수료 10%)(원화 계산, 만원 단위)

항목	금액 (만원이하 절사)	비고
항공요금	3,390,000	유류할증료 및 공항세 포함
숙박요금	1,290,000	323,801 × 4박
렌터카요금	540,000	$94.92 × 5일 × @1,150
부대요금	190,000	$85 × 2장 × @1,150
합계	5,410,000	-
알선수수료	540,000	전체 합계의 10%
상품가	5,950,000	-

(7) 미국 출/입국서류를 작성하라.

미국 출입국 카드/세관신고서 작성요령

U.S. Department of Justice
Immigration and Naturalization Service

OMB 1115-0077

Admission Number

Welcome to the United States

451334694 08

I-94 Arrival/Departure Record-Instructions

This form must be completed by all persons except U.S. citizens, returning resident aliens, aliens with immigrant visas, and Canadian Citizens visiting or in transit.

Type or print legibly with pen in ALL CAPITAL LETTERS. Use English. Do not write on the back of this form.

This form is in two parts. Please complete both the Arrival Record (Items 1 through 13) and the Departure Record (Items 14 through 17).

When all items are completed, present this form to the U.S. Immigration and Naturalization Service Inspector.

Item 7-If you are entering the United States by land, enter LAND in this space. If you are entering the United States by ship, enter SEA in this space.

Form I-94(10-01-85)N

Admission Number

451334694 08

Immigration and
Naturalization Service

I-94
Arrival Record 입국카드

1. Family Name
KIM(성)

2. First (Given) Name
MODE(이름)

3. Birth Date(Day/Mo/Yr)
220174(생년월일)

4. Country of Citizenship
S. KOREA (국적)

5. Sex (Male or Female)
(성별)

6. Passport Number
AB1234567(여권번호)

7. Airline and Flight Number
KEO51(입국편명)

8. Country Where You Live
S. KOREA (거주지)

9. City Where You Boarded
INCHEON (출발지)

10. City Where Visa Was Issued
SEOUL (비자 받은 도시)

11. Date Issued(Day/Mo/Yr)
150300(비자발행일)

12. Address While in the United States (Number and Street)
PACIFIC BAEACH HOTEL(숙박할 호텔이름)

13. City and State
HONOLULU // HAQAII (방문예정 도시)

Departure Number

451334694 08

Immigration and
Naturalization Service

I-94

14. Family Name
KIM(성)

15. First (Given) Name
MODE(이름)

16. Birth Date(Day/Mo/Yr)
220174(생년월일)

17. Country of Citizenship
S. KOREA (국적)

See Other Side

STAPLE HERE

TS 42023

(8) 고객과 여행요금을 상담하라.

CASE 2. 여행요금상담 및 예약수배업무(일본 동경)

■ 작업상항

당신은 남양주에 위치한 E 여행사 여행상담 업무를 담당하는 직원입니다. D 고객으로부터 일본 동경 여행 관련 요금 상담을 의뢰 받았습니다. 고객 요청사항의 상세 내용을 확인하고 수행사항에 따라 작업을 수행하십시오.

고객의 요청사항
1. 일정 : 11월 23일 김포 출발, 11월 26일 김포 도착 2. 항공편 : 대한항공 이코노미 클래스 3. 인원 : 2명 4. 숙박 : 동경 시내의 뉴오따니 호텔 2인 1실 (조식 포함) 5. 렌터카 : 하네다 공항에서 픽업 및 반납 (차종 : auto, 4인승 승용차) 6. 부대비용 : 동경 디즈니랜드 입장요금 확인 요망

■ 수행사항

(1) 토파스 셀커넥 프로그램을 활용하여 고객의 요청사항에 맞는 적용 가능한 가장 저렴한 클래스로 PNR을 만든 후 화면을 캡처하라.

```
--- RLR ---
RP/SELK13900/SELK13900          AA/SU   22JUL15/1838Z    5RIAJO
7823-0091
  1.KIM/DAEHANMR    2.KIM/MINKOOKMR
  3  KE2707 E 23NOV 1 GMPHND HK2  0900 1105  23NOV  E  KE/5RIAJO
  4  KE2712 E 26NOV 4 HNDGMP HK2  0945 1215  26NOV  E  KE/5RIAJO
  5 AP 02-2345-8723 KYUNGBOG TRVL
  6 APM 010-7823-0091/P1
  7 TK OK22JUL/SELK13900
  8 OPW SELK13900-05AUG:1900/1C7/KE REQUIRES TICKET ON OR BEFORE
        06AUG:1900/S3-4
  9 OPC SELK13900-06AUG:1900/1C8/KE CANCELLATION DUE TO NO
        TICKET/S3-4
```

(2) PNR에 맞는 운임을 조회하고 운임내역과 명령어가 표시되도록 화면을 캡처하라.

```
> FXP

FXP


   PASSENGER          PTC     NP   FARE<KRW>  TAX/FEE    PER PSGR
01 KIM/DAEHA*         ADT      1      510000    66000      576000
02 KIM/MINKO*         ADT      1      510000    66000      576000

                   TOTALS      2     1020000   132000     1152000

1-2 LAST TKT DTE 26JUL15 - SEE ADV PURCHASE
1-2 60000 KRW PENALTY APPLIES
>                                                   PAGE   2/ 2
```

(3) 조건에 맞는 호텔을 검색하고 총 숙박요금이 표시되어 있는 화면을 캡처하라.

호텔 뉴 오타니 도쿄, 더 메인 ★★★★
Hotel New Otani Tokyo, The Main
Tokyo (아카사카)
02-3480-0118 • Expedia 요금 ✔ 예약 무료 취소
지난 7시간 안에 예약됨

훌륭함! 4.4/5
(787개 이용 후기)
₩371,545
1박 평균

(4) 일정에 맞는 렌터카를 검색한 후 총 운임이 표시되어 있는 화면을 캡처하라.

Intermediate ICAR

(C) Toyota Corolla Axio 또는 동급차량
?
5 승객 수
1 대형 수트케이스, 1 소형 수트케이스
자동 기어 차량
에어 컨디셔너
[+] 요금 안내

9550.00 JPY 1일 당
무제한 주행거리 FREE 킬로미터

후 지불 요금

(5) 동경 디즈니랜드 1데이 패스포트 요금을 검색한 후 티켓 요금이 표시되어 있는 화면을 캡처하라.

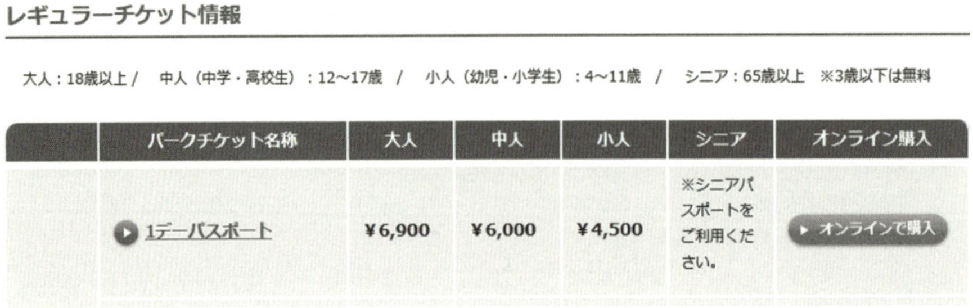

(6) 전체 일정에 따라 아래의 원가표를 작성하고 고객에게 제시할 상품가를 계산하라. (2인 기준, 알선 수수료 10%)(원화 계산)

항목	금액	비고
항공요금	1,150,000	유류할증료 및 공항세 포함
숙박요금	1,110,000	371,545 × 3박
렌터카요금	360,000	¥ 9,550 × 4일 × @9.43
부대요금	130,000	¥ 6,900 × 2장 × @9.43
합계	2,750,000	-
알선수수료	270,000	전체 운임의 10%
상품가	3,020,000	-

(7) 일본 출/입국서류를 작성하라.

일본 출입국신고서 앞면

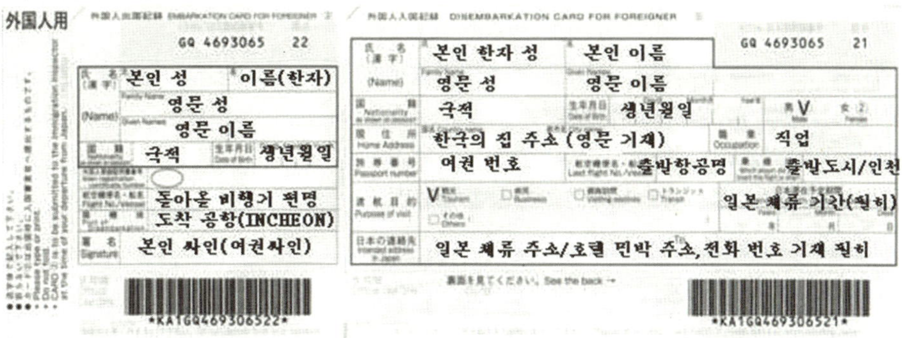

일본 출입국신고서 뒷면

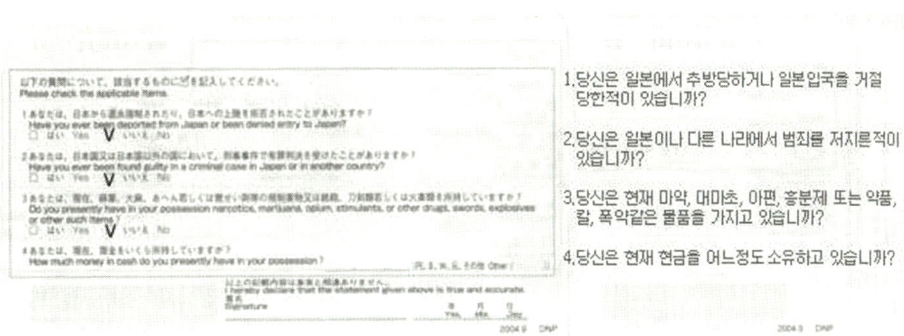

(8) 고객과 여행요금을 상담하라. (단, 산출된 요금표에 준하여 설명하며 고객의 요구를 반드시 확인하고, 환율변동에 따라 요금이 변동될 수 있음을 안내한다.)

CASE 3. 여행요금상담 및 예약수배업무(영국 런던)

■ 작업상황

당신은 청담동에 위치한 H 여행사 여행상담 업무를 담당하는 직원입니다. C 고객으로부터 영국 런던 신혼여행 여행요금상담을 의뢰 받았습니다. 고객 요청사항의 상세 내용을 확인하고 수행사항에 따라 작업을 수행하십시오.

고객의 요청사항
1. 일정 : 10월 16일 인천 출발, 10월 23일 한국 도착 2. 항공편 : 대한항공 이코노미 클래스 3. 인원 : 2명 4. 숙박 : 다운타운 내의 1급 호텔 2인 1실 (조식 포함) 5. 렌터카 : 런던 히드로 공항에서 픽업 및 반납 (차종 : auto, 4인승 승용차) 6. 부대비용 : 축구경기 관람(영국 프리미어리그 첼시FC 팀 카테고리 AA경기 티켓 요금)

■ 수행사항

(1) 토파스 셀커넥 프로그램을 활용하여 고객의 요청사항에 맞는 적용 가능한 가장 저렴한 클래스로 PNR을 만든 후 화면을 캡처하라.

```
--- RLR ---
RP/SELK13900/SELK13900            AA/SU  22JUL15/1832Z   5RIAAL
3567-2378
  1.NA/SINRANGMR   2.NA/SINBUMS
  3  KE 907 E 16OCT 5 ICNLHR HK2  1300 1725  16OCT  E  KE/5RIAAL
  4  KE 908 E 22OCT 4 LHRICN HK2  1935 1425  23OCT  E  KE/5RIAAL
  5 AP 02-3478-9825 HONEYMOON TRVL
  6 APM 010-3567-2378
  7 TK OK22JUL/SELK13900
  8 OPW SELK13900-05AUG:1900/1C7/KE REQUIRES TICKET ON OR BEFORE
        06AUG:1900/S3-4
  9 OPC SELK13900-06AUG:1900/1C8/KE CANCELLATION DUE TO NO
        TICKET/S3-4
```

(2) PNR에 맞는 운임을 조회하고 운임내역과 명령어가 표시되도록 화면을 캡처하라.

```
> FXP

FXP


   PASSENGER          PTC    NP   FARE<KRW> TAX/FEE    PER PSGR
01 NA/SINRA*          ADT     1     1550000  314600     1864600
02 NA/SINBU*          ADT     1     1550000  314600     1864600

                   TOTALS     2     3100000  629200     3729200

1-2 LAST TKT DTE 26JUL15 - SEE ADV PURCHASE
1-2 200000 KRW PENALTY APPLIES
>                                                  PAGE  2/ 2
```

(3) 조건에 맞는 호텔을 검색하고 총 숙박요금이 표시되어 있는 화면을 캡처하라.

클럭 & 웰 퍼브 & 룸즈 ★★★★
The Clerk & Well Pub & Rooms
London (블룸즈버리)
02-3480-0118 • Expedia 요금 ✔ 예약 무료 취소

1개 남음
~~₩307,708~~ ₩263,818
1박 평균
✔ 지금 예약하고 나중에 결제하세요!

(4) 일정에 맞는 렌터카를 검색한 후 총 운임이 표시되어 있는 화면을 캡처하라.

Midsize, 4-5 Door, 자동 변속기 차량, 에어컨 있음 (그룹 F) IDAR

(F) VW Jetta 또는 동급차량 ?
- 5 승객 수
- 2 대형 수트케이스, 1 소형 수트케이스
- 자동 기어 차량
- 에어 컨디셔너
- 20 km/리터

[+] 요금 안내

296.24 GBP 1 주일 당 | 426.18 GBP 1 주일 당

요금 1 | 요금 2

(5) 런던 첼시 경기 입장 요금을 검색한 후 티켓 요금이 표시되어 있는 화면을 캡처하라. (카테고리 AA경기)

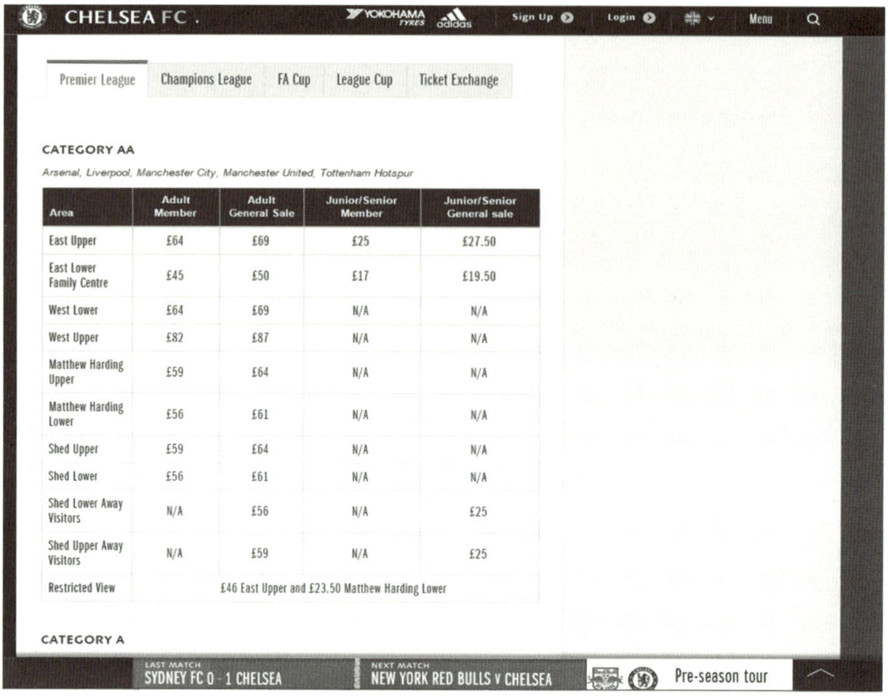
CHELSEA FC .
Sign Up Login Menu

Premier League | Champions League | FA Cup | League Cup | Ticket Exchange

CATEGORY AA

Arsenal, Liverpool, Manchester City, Manchester United, Tottenham Hotspur

Area	Adult Member	Adult General Sale	Junior/Senior Member	Junior/Senior General sale
East Upper	£64	£69	£25	£27.50
East Lower Family Centre	£45	£50	£17	£19.50
West Lower	£64	£69	N/A	N/A
West Upper	£82	£87	N/A	N/A
Matthew Harding Upper	£59	£64	N/A	N/A
Matthew Harding Lower	£56	£61	N/A	N/A
Shed Upper	£59	£64	N/A	N/A
Shed Lower	£56	£61	N/A	N/A
Shed Lower Away Visitors	N/A	£56	N/A	£25
Shed Upper Away Visitors	N/A	£59	N/A	£25
Restricted View	£46 East Upper and £23.50 Matthew Harding Lower			

CATEGORY A

LAST MATCH SYDNEY FC 0 - 1 CHELSEA
NEXT MATCH NEW YORK RED BULLS v CHELSEA
Pre-season tour

(6) 전체 일정에 따라 아래의 원가표를 작성하고 고객에게 제시할 상품가를 계산하라. (2인 기준, 알선 수수료 10%)(원화 계산)

항목	금액 (만원 이하 절사)	비고
항공요금	3,720,000	유류할증료 및 공항세 포함
숙박요금	1,580,000	263,818 × 6박
렌터카요금	530,000	£ 296.24 × 1주일 × @1,811
부대요금	230,000	£ 64 × 2장 × @1,811
합계	6,060,000	-
알선수수료	600,000	전체 운임의 10%
상품가	6,660,000	-

(7) 영국 출/입국서류를 작성하라.

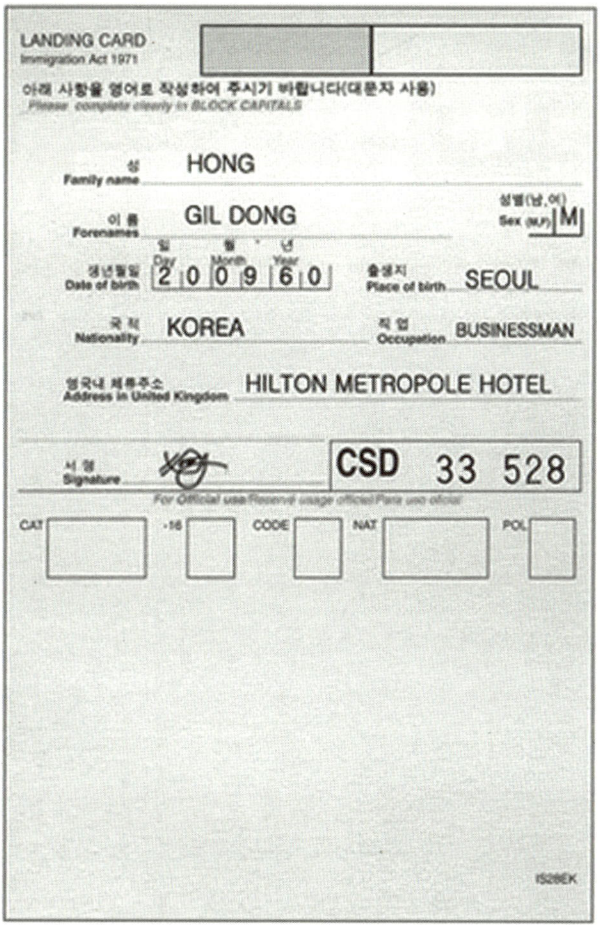

LANDING CARD
Immigration Act 1971

아래 사항을 영어로 작성하여 주시기 바랍니다(대문자 사용)
Please complete clearly in BLOCK CAPITALS

성 Family name: HONG

이름 Forenames: GIL DONG

성별(남,여) Sex (M,F): M

생년월일 Date of birth: 일 Day 20 / 월 Month 09 / 년 Year 60

출생지 Place of birth: SEOUL

국적 Nationality: KOREA

직업 Occupation: BUSINESSMAN

영국내 체류주소 Address in United Kingdom: HILTON METROPOLE HOTEL

서명 Signature:

CSD 33 528

For Official use/Reserve usage officiel/Para uso oficial

CAT | -16 | CODE | NAT | POL

IS28EK

(8) 고객과 여행요금을 상담하라. (단, 산출된 요금표에 준하여 설명하며 고객의 요구를 반드시 확인하고, 환율변동에 따라 요금이 변동될 수 있음을 안내한다.)

저자소개

이선미

경영학 박사(한국항공대학교)
한양여자대학교 항공과 겸임교수
(전) 인하공업전문대학 항공경영과 겸임조교수
TOPAS 교육강사 역임
IATA ATC 공인 강사

〈저서〉
최신항공 예약실무, 항공운임 발권실무, 항공운임 발권과 BSP 실무, IATA 항공여행실무

저자와의
합의하에
인지첩부
생략

항공 운임 및 발권

2019년 8월 25일 초판 1쇄 인쇄
2019년 8월 30일 초판 1쇄 발행

지은이 이선미
펴낸이 진욱상
펴낸곳 (주)백산출판사
교 정 박시내
본문디자인 오행복
표지디자인 오정은

등 록 2017년 5월 29일 제406-2017-000058호
주 소 경기도 파주시 회동길 370(백산빌딩 3층)
전 화 02-914-1621(代)
팩 스 031-955-9911
이메일 edit@ibaeksan.kr
홈페이지 www.ibaeksan.kr

ISBN 979-11-90323-28-4 93550
값 17,000원